Pema Chödrön

Das Unwillkommene willkommen heißen

arkana

PEMA
CHÖDRÖN

Das
UNWILLKOMMENE
WILLKOMMEN
heißen

Mit offenem Herzen Verletzungen, Traumata und Ängste überwinden

Aus dem Englischen
von Claudia Seele-Nyima

arkana

Die englische Originalausgabe ist 2019 unter dem Titel
Welcoming the Unwelcome – Wholehearted Living in a Brokenhearted World
bei Shambhala Publications, Inc. in Boulder, USA, erschienen.

Auszüge dieses Buches sind bereits erschienen in »Vom Glück des Scheiterns«, veröffentlicht 2016 bei Gräfe und Unzer, das Kapitel »Die Tonglen-Praxis« *Wenn alles zusammenbricht – Hilfestellung für schwierige Zeiten,* veröffentlicht 2001 bei Goldmann und das Kapitel »Einfache Sitzmeditation« in *Beginne, wo du bist – eine Anleitung zum mitfühlenden Leben,* veröffentlicht 2003 bei Aurum, einem Imprint von Kamphausen.

4. Auflage 2025
Deutsche Erstausgabe

in der Penguin Random House Verlagsgruppe GmbH,
Neumarkter Straße 28, 81673 München
produktsicherheit@penguinrandomhouse.de
(Vorstehende Angaben sind zugleich Pflichtinformationen nach GPSR)

www.arkana-verlag.de

Produced in consultation with Page Two.
Lektorat: Diane Zilliges
Umschlaggestaltung: ki 36 Editorial Design, München, Sabine Krohberger, unter Verwendung des Layouts der Originalausgabe
Umschlagillustration: Mullaloo Beach: © Merr Watson / Women Who Drone / gettyimages
S. 48ff.: Vortrag auszugsweise aus: Pema Chödrön: *Vom Glück des Scheiterns*. Gräfe und Unzer, München 2016;
S. 205ff.: Pema Chödrön: *Beginne, wo du bist – eine Anleitung zum mitfühlenden Leben* ©Aurum in der Kamphausen Media GmbH, Bielefeld 2014;
S. 208ff.: stark überarbeitete Textfassung aus: Pema Chödrön: *Wenn alles zusammen bricht – Hilfestellung für schwierige Zeiten.* Goldmann, München 2001.
Satz: Satzwerk Huber, Germering
Druck und Bindung: Friedrich Pustet, Regensburg
Printed in Germany
ISBN 978-3-442-34267-9

Dieses Buch ist
Khenchen Thrangu Rinpoche
gewidmet in Liebe, Ergebenheit und Dankbarkeit
für all seine Unterstützung und Freundlichkeit
über viele Jahre hinweg

Inhalt

1

Mit einem gebrochenen Herzen beginnen

Unser Ziel ist es, Herz und Geist vollständig zu erwecken, nicht nur, damit es uns selbst besser geht, sondern auch, um das Wohl anderer Lebewesen zu fördern und ihnen Trost und Weisheit zu vermitteln. Gibt es eine bessere Motivation?

Wenn wir uns mit spirituellen Lehren beschäftigen, ist es sinnvoll zu wissen, was wir damit beabsichtigen. So könnten Sie sich beispielsweise fragen: »*Wozu* will ich dieses neue Buch mit dem ominösen Titel *Das Unwillkommene willkommen heißen* überhaupt lesen?« Lesen Sie es, weil Sie gern einige Anhaltspunkte hätten, wie Sie in diesen unsicheren Zeiten das Kommende durchstehen können? Lesen Sie es, um mehr über sich selbst zu erfahren? Hoffen Sie, dass Sie mithilfe dieses Buches bestimmte emotionale oder geistige Gewohnheitsmuster überwinden, die Ihr

Wohlbefinden untergraben? Oder hat es Ihnen jemand voller Begeisterung gegeben, und jetzt wollen Sie denjenigen nicht dadurch verärgern, dass Sie es nicht lesen?

Ihre Motivation kann einige oder auch alle der genannten Punkte umfassen. Alle, auch der letzte, sind gute Gründe, dieses Buch – oder auch jedes andere Buch – zu lesen. Doch in der Tradition des Mahayana-Buddhismus, der ich angehöre, beginnen wir das Studium spiritueller Lehren damit, dass wir eine noch größere Motivation in uns hervorrufen: Bodhichitta. Sanskrit *bodhi* bedeutet »Erwachen« und *chitta* »Geist« oder »Herz«. Unser Ziel ist es, Herz und Geist vollständig zu erwecken, nicht nur, damit es uns selbst besser geht, sondern auch, um das Wohl anderer Lebewesen zu fördern und ihnen Trost und Weisheit zu vermitteln. Gibt es eine bessere Motivation?

Der Buddha hat gelehrt, dass wir alle im Wesenskern gut und liebevoll sind. Wegen dieses grundlegenden Gutseins haben wir ganz natürlich den Wunsch, für andere da zu sein, besonders für jene, die uns am nächsten stehen, und für diejenigen, die am bedürftigsten sind. Uns ist durchaus bewusst, dass andere Menschen uns brauchen, ebenso wie die Gesellschaft und der Planet als Ganzes – besonders jetzt. Wir wollen alles in unserer Macht Stehende tun, um Angst, Wut und diese leidvolle Bodenlosigkeit, dieses Gefühl der Haltlosigkeit und Unsicherheit, zu lindern, die heutzutage so viele von uns empfinden. Doch oft, wenn wir versuchen zu helfen, stellen wir fest, dass uns unsere eigene Verwirrung und unsere gewohnheitsmäßigen Neigungen im Weg stehen. Äußerungen wie die folgende habe ich so oder so ähnlich schon gehört: »Ich wollte gefährdeten Jugendlichen helfen, also habe ich studiert, eine Ausbildung gemacht und bin in die Sozialarbeit gegangen. Nach zwei Tagen im Job hasste ich die meisten Kinder! Mein erstes Gefühl war: ›Ich würde am liebsten all diese Kids loswerden und ein paar nettere finden, die auch wirklich mit mir zusammenarbeiten!‹ Und da wurde mir klar, dass ich zuerst vor meiner eigenen Tür kehren musste.«

Bodhichitta, das Herz des Erwachens, beginnt mit dem Wunsch, frei von allem zu sein, was uns daran hindert, anderen zu helfen. Wir sehnen uns danach, verwirrte Gedanken und Gewohnheitsmuster, die unser grundlegendes Gutsein verdecken, loszuwerden, damit wir nicht mehr so oft automatisch reagieren, uns weniger fürchten und nicht so sehr unseren alten Eigenarten verhaftet sind. Uns wird klar, dass wir uns in dem Maße, wie wir unsere Neurosen und Gewohnheiten überwinden, besser auf Jugendliche, unsere Familienmitglieder, die Gemeinschaft oder Fremde, denen wir begegnen, einlassen können. Vielleicht sind wir innerlich immer noch stark emotional aufgewühlt und reagieren heftig, aber wenn wir wissen, wie wir mit diesen Emotionen umgehen, ohne in unsere üblichen Verhaltensmuster zu verfallen, sind wir in der Lage, für andere da zu sein. Und selbst wenn wir nicht die Möglichkeit haben, maßgeblich zu helfen, spüren andere, dass wir sie unterstützen wollen, und auch das ist sehr hilfreich.

Bodhichitta beginnt zwar mit diesem Wunsch, endet aber nicht damit. Bodhichitta ist auch eine Verpflichtung.

Wir verpflichten uns, alles Notwendige zu tun, um uns vollständig von all unseren verschiedenen Formen der Verwirrung, der unbewussten Gewohnheiten und des Leidens zu befreien, denn sie hindern uns daran, voll und ganz für andere da zu sein. In der Sprache des Buddhismus besteht unsere oberste Verpflichtung darin, »Erleuchtung« zu erlangen. Im Wesentlichen bedeutet das, uneingeschränkt zu wissen, wer wir wirklich sind. Wenn wir erleuchtet sind, erwachen wir zu unserer tiefsten Natur, und das heißt: Wir haben ein von Grund auf offenes Herz, sind aufgeschlossen und für andere da. Dass es so ist, wissen wir dann ohne jeden Zweifel, ein für alle Mal. In diesem Zustand verfügen wir über sehr große Weisheit und Fähigkeiten, die wir zum Wohle anderer einsetzen und mit denen wir ihnen helfen können, ihrerseits vollständig zu erwachen.

Um unsere Bodhichitta-Verpflichtung einzuhalten, müssen wir alles in Erfahrung bringen, was es über unser Herz und unseren Geist in Erfahrung zu bringen gibt. Das ist eine große Aufgabe. Dazu gehört sicherlich, dass wir Bücher lesen, Lehren hören, das, was wir lernen, eingehend betrachten und darüber nachsinnen. Wir erfahren auch viel über uns selbst, wenn wir regelmäßig eine einfache Sitzmeditation praktizieren. Am Ende des Buches finden Sie daher auch eine Meditationstechnik, die Sie überall anwenden können. Zu guter Letzt sollten wir unser zunehmendes Wissen erproben und klären, indem wir es auf unser Leben und die Situation, in der wir uns normalerweise befinden, anwenden. Wenn Bodhichitta die Grundlage unserer täglichen Lebensführung wird, ist alles, was wir tun, bedeutungsvoll. Dann empfinden wir unsere Existenz als unglaublich reich. Deshalb ist es sinnvoll, sich Bodhichitta so oft wie möglich in Erinnerung zu rufen.

Manchmal entsteht die wunderbare Bodhichitta-Motivation leicht. Wenn wir jedoch ängstlich oder mit unseren eigenen Sorgen beschäftigt sind, wenn uns das Vertrauen fehlt, dann haben wir möglicherweise den Eindruck, Bodhichitta sei für uns nicht erreichbar. Wie können wir in solchen Zeiten wieder Zuversicht finden und das mutige Verlangen in uns hervorrufen, zum Nutzen anderer zu erwachen? Wie können wir unseren Geist bewusst in eine andere Richtung lenken, wenn er sich klein fühlt?

Mein Wurzellehrer Chögyam Trungpa Rinpoche hat mich eine Methode zur Transformation des Geistes gelehrt, die ich immer noch anwende: Rufen Sie sich eine erschütternde Vorstellung, Geschichte oder Begebenheit in Erinnerung, etwas, das Betroffenheit in Ihnen auslöst und Sie mit den Nöten des Menschseins in Kontakt bringt. Vielleicht wurde bei jemandem, der Ihnen wirklich am Herzen liegt, kürzlich Krebs oder eine degenerative Erkrankung (zum Beispiel Alzheimer oder Parkinson) diagnostiziert. Oder ein Ihnen nahestehender Mensch, der früher Drogen- oder Alkoholprobleme hatte, aber seit Langem »trocken« ist, hat gerade einen Rückfall gehabt. Oder vielleicht hat eine gute Freundin einen großen Verlust erlitten. Vielleicht haben Sie etwas Trauriges gesehen, als Sie im Supermarkt eingekauft haben, zum Beispiel eine Auseinandersetzung zwischen einem Elternteil und einem Kind, die Sie sehr mitgenommen hat. Oder Sie denken an die obdachlose Frau, die Sie immer auf dem Weg zur Arbeit sehen. Vielleicht macht Sie auch etwas betroffen, das Sie gerade in den Nachrichten gesehen haben, wie zum Beispiel der Bericht über eine Hungersnot oder über eine Familie, die abgeschoben wurde.

Trungpa Rinpoche zufolge besteht der Weg, Bodhichitta zu erwecken, darin, »mit einem gebrochenen Herzen zu beginnen«. Uns vor Leid zu schützen – unserem eigenen und dem anderer – hat noch nie funktioniert. Jeder will frei von Leid sein, aber die Mehrheit bemüht sich auf eine Art und Weise darum, die es nur noch schlimmer macht. Denn uns vor der Verletzlichkeit aller Lebewesen, einschließlich unserer eigenen, abzuschirmen, schottet uns auch davor ab, das Leben in seiner ganzen Fülle zu erfahren. Unsere Welt schrumpft. Wenn unser Hauptziel darin besteht, Angenehmes haben und Unangenehmes vermeiden zu wollen, fühlen wir uns mit der Zeit von anderen getrennt und sogar bedroht. Wir hüllen uns in ein Netz der Angst ein. Und wenn viele Menschen und Länder so an die Dinge herangehen, entsteht eine chaotische globale Situation mit viel Leid und Konflikten.

So viel Mühe darauf zu verwenden, unser Herz vor Leid zu schützen, verletzt uns immer wieder aufs Neue. Selbst wenn wir erkennen, dass diese Gewohnheit uns nicht hilft, ist sie schwer zu durchbrechen. Es ist eine natürliche menschliche Neigung. Wenn wir jedoch Bodhichitta hervorbringen, gehen wir gegen diese Neigung an. Statt zurückzuscheuen, bringen wir den Mut auf, uns selbst und die Welt direkt anzusehen. Statt uns von bestimmten Phänomenen einschüchtern zu lassen, können wir allmählich alle Aspekte unseres unerschöpflich reichen Lebens annehmen.

Wir können mit Bodhichitta in Berührung kommen, indem wir uns einfach erlauben, unsere rohen, unverstellten Gefühle zu spüren, ohne uns in Gedanken und Geschichten über sie hineinziehen zu lassen. Wenn ich mich zum Beispiel einsam fühle, kann ich zwar in Selbstvorwürfe verfallen oder mir vorstellen, wie schön es wäre, jemanden zu haben, mit dem ich Zeit verbringen kann. Aber ich habe auch die Möglichkeit, diesem Gefühl der Einsamkeit einfach nachzuspüren und zu entdecken, dass Bodhichitta genau dort ist: in meinem eigenen verletzlichen Herzen. Ich kann mir bewusst machen, dass sich meine Einsamkeit nicht von der Einsamkeit aller anderen Menschen auf diesem Planeten unterscheidet. Dementsprechend können mich auch meine unerwünschten Gefühle, ausgegrenzt oder zu Unrecht beschuldigt zu werden, mit all denen verbinden, die Ähnliches erleiden.

Wenn mir etwas peinlich ist, wenn ich mich wie ein Verlierer fühle, wenn ich das Gefühl habe, dass etwas mit mir grundsätzlich nicht stimmt, ist Bodhichitta in diesen Emotionen vorhanden. Wenn ich einen großen Fehler gemacht habe, wenn ich etwas, das ich eigentlich tun wollte, doch nicht getan habe, wenn es mich quält, dass ich alle im Stich gelassen habe – in solchen Fällen habe ich die Möglichkeit, mich auf das erwachte Bodhichitta-Herz zu besinnen und daraus zu schöpfen. Wenn ich mich wirklich mit meiner Eifersucht, meinem Zorn oder meiner Voreingenommenheit verbinde, stelle ich fest, dass ich in derselben Lage bin wie alle Menschen. Und dieser Erkenntnis entspringt ganz von selbst die Sehnsucht zu erwachen, um das Leid der Welt zu lindern.

Die Reihe der Menschen, die durch ihre engagierte Praxis entdeckt haben, dass sie grundsätzlich gut und mutig sind, ist lang. Einige von ihnen sind berühmte religiöse Persönlichkeiten, aber die meisten sind unbekannt, so wie mein Freund Jarvis Masters, der seit über dreißig Jahren in einem kalifornischen Gefängnis sitzt. Nicht immer fühlen wir uns inspiriert, dem Beispiel engagierter Vorreiter zu folgen und furchtlos gegen den Strom zu schwimmen. Unser Selbstvertrauen gerät immer wieder ins Wanken. Und die Lehren verlangen nie von uns, dass wir uns zu viel zumuten sollen. Doch wenn wir allmählich unsere Fähigkeit steigern, mit unserem Schmerz und dem Leid der Welt präsent zu sein, werden wir uns selbst damit überraschen, dass unser Mut wächst.

Mit der Praxis des gebrochenen Herzens bauen wir schrittweise die Kraft und die Fähigkeit auf, immer mehr bewältigen zu können. Trungpa Rinpoche, der in erstaunlichem Maße fähig war, angesichts von Leid auszuharren und sich nicht abzuwenden, rief sich oft einen Moment in Tibet in Erinnerung, als er etwa acht Jahre alt war. Vom Dach eines Klosters aus beobachtete er, wie mehrere Jungen einen kleinen Hund zu Tode steinigten. Obwohl sie ziemlich weit weg waren, sah er die verängstigten Augen des Hundes und hörte das Lachen der Jungen. Sie taten es nur zum Spaß. Rinpoche wollte etwas tun, um den Welpen zu retten, aber er war hilflos. Für den Rest seines Lebens brauchte er sich nur diesen Moment in Erinnerung zu rufen, und sofort kam in ihm der starke Herzenswunsch auf, Leid zu lindern. Die Erinnerung an den Hund verlieh seinem Wunsch zu erwachen Dringlichkeit. Das trieb ihn Tag für Tag dazu, sein Leben bestmöglich zu nutzen.

Die meisten von uns versuchen auf die eine oder andere Weise, Gutes zu tun, es ergibt sich ganz natürlich aus unserem grundlegenden Gutsein. Doch unsere positive Motivation mischt sich oft mit anderen Faktoren. Zum Beispiel wollen manche Menschen nur deswegen helfen, weil sie sich schuldig und nicht wohl in ihrer Haut fühlen. Sie möchten in den Augen der Welt gut dastehen. Sie hoffen, durch ihre Bemühungen ihr Ansehen zu verbessern, was dann vielleicht ihr Selbstwertgefühl steigert. Ich kann auf eine langjährige Erfahrung mit dem Leben in Gemeinschaften zurückblicken und habe immer wieder festgestellt, dass solche Menschen oft Erstaunliches zuwege bringen. Andere sagen dann: »Maria kann für sechs anpacken.« Oder: »Ich wünschte, alle wären wie Thomas.« In den meisten Fällen sind sie diejenigen, die man im Team haben will. Gleichzeitig scheinen sie aber dem Erwachen nicht näher zu kommen. Wir alle kennen wahrscheinlich jemanden, der sich so oder ähnlich äußert: »Ich gebe und gebe und erhalte doch nie einen Dank!« Eine solche Frustration weist darauf hin, dass die zugrunde liegenden Probleme noch ungelöst sind.

Manche Menschen arbeiten Tag und Nacht hart in Bereichen, in denen sie anderen helfen, doch ihre stärkste

Motivation ist die, beschäftigt zu sein, damit sie ihr eigenes Leid nicht spüren. Manche werden von der Vorstellung angetrieben, »gut« zu sein, die ihnen von ihrer Familie oder Kultur vermittelt worden ist. Manche sind durch Pflicht- oder Schuldgefühle motiviert. Andere wiederum tun Gutes, um sich aus Schwierigkeiten herauszuhalten. Manche treibt die Aussicht an, in diesem oder vielleicht einem zukünftigen Leben den Lohn für ihre Mühe zu erhalten. Einige werden sogar durch Groll, Wut oder ein Bedürfnis nach Kontrolle motiviert.

Bei näherer Betrachtung werden wir wahrscheinlich feststellen, dass sich solche Motivationen mit unserem wahrhaftigen Wunsch mischen, anderen zu helfen. Wir sollten uns deswegen nicht selbst zerfleischen, denn all diese Motivationen entspringen unserer natürlichen menschlichen Neigung, auf Glück aus zu sein und uns vor Leid zu schützen. Sie halten uns jedoch davon ab, mehr mit unserem Herzen und dem anderer Menschen in Verbindung zu sein. Dadurch ist es für uns schwieriger, uns wirklich tiefgreifend für das Wohl anderer einzusetzen.

Im Gegensatz dazu führt die Bodhichitta-Motivation zu tieferen, anhaltenderen Ergebnissen, weil sie darauf basiert, dass wir verstehen, woher das Leiden kommt. Auf der äußeren Ebene gibt es die immensen Leiden, die wir sehen und hören und vielleicht hin und wieder selbst erleben – die Grausamkeit, der Hunger, die Angst, der Missbrauch und die Gewalt, von denen Menschen, Tiere und unser gesamter Planet geplagt werden. Sie alle entspringen Emotionen wie Gier und Aggressivität, die wiederum darauf zurückzuführen sind, dass wir nichts von unserer wahren Natur wissen, die grundlegend gut ist. Diese Unwissenheit ist die Ursache all unseres Leidens. Sie liegt allem zugrunde, was wir zum Schaden anderer und unserer selbst tun. Wenn wir aber Bodhichitta erwecken, verpflichten wir uns, alles zu überwinden, was unsere angeborene Weisheit und Warmherzigkeit verdeckt, alles, was uns von unserer natürlichen Fähigkeit abkoppelt, uns in andere einzufühlen und uns für ihr Wohlergehen einzusetzen.

Dieses Erwachen zu unserer wahren Natur vollzieht sich nicht über Nacht. Und selbst wenn wir allmählich erwachen und immer besser in der Lage sind, anderen zu helfen, müssen wir akzeptieren, dass wir nicht in allen Fällen etwas tun können – zumindest nicht sofort. Ohne Ausflüchte zu suchen oder in Gleichgültigkeit zu verfallen, müssen wir einsehen, dass die Dinge eben sind, wie sie sind. Unzählige Menschen und Tiere leiden gerade jetzt, aber wie viel können wir tun, um das zu verhindern? Wenn wir auf dem Dach eines Klosters stehen und sehen, wie Jungen einen Hundewelpen steinigen, können wir vielleicht im Moment nichts weiter tun, als uns nicht abzuwenden, sondern zuzulassen, dass die Tragödie, die sich vor unseren Augen entfaltet, unser Bodhichitta vertieft. Dann können wir neugierig werden und uns fragen, was Menschen überhaupt dazu bringt, Tieren wehzutun. Statt das Verhalten der Jungen als etwas zu sehen, was uns fremd ist, können wir seine Wurzeln auch in uns selbst suchen. Ist die Aggressivität oder Blindheit, die solchen Handlungen zugrunde liegt, auch in unserem eigenen Herzen? Wenn wir auf diese Weise eine gemeinsame Basis finden, können wir vielleicht bei der nächsten ähnlichen Situation besser kommunizieren. Und sobald wir voll zu unserer wahren Natur erwachen, sind wir viel besser in der Lage, andere zu beeinflussen. Doch selbst dann ist das, was wir als Hilfeleistung tun können, durch die Umstände begrenzt.

Wenn wir also Bodhichitta erwecken, ist es wichtig zu verstehen, dass es etwas Langfristiges ist. Wir werden lange »dranbleiben« und viel Mühe und Entschlossenheit aufwenden müssen. Das höchste Bodhichitta-Ziel ist es, jedem einzelnen Lebewesen zu helfen, zu seiner wahren Natur zu erwachen. Und unsere einzige Chance, dies zu erreichen, besteht darin, dass wir zuerst selbst die Erleuchtung erlangen. Auf dem Weg dorthin können wir jeweils immer nur einen Schritt tun und uns nach besten Kräften bemühen, diesen Wunsch und diese Verpflichtung im Auf und Ab unseres Lebens aufrechtzuerhalten.

Versuchen Sie beim Lesen dieses Buches bitte, den größeren Zusammenhang des Bodhichitta im Blick zu behalten. Das ist viel fruchtbarer, als es nur zur intellektuellen Anregung zu lesen. Wenn Sie mit einem gebrochenen Herzen beginnen, mit der Sehnsucht, anderen zu helfen, dann werden Sie hier das eine oder andere finden, das Sie mitnehmen können. Von allen Worten in diesem Buch trifft vielleicht ein Absatz oder ein Satz – vielleicht einer, bei dem mir noch nicht einmal klar war, dass er wichtig ist – bei Ihnen genau den richtigen Nerv. Irgendetwas ändert vielleicht Ihre Sicht der Dinge und bringt Sie tatsächlich der Fähigkeit näher, das Leid in der Welt zu lindern.

Diese Lehren sind nicht einfach nur meine eigenen Ideen. Vielmehr sind sie mein Versuch, die Weisheit weiterzuvermitteln, die ich von meinen Lehrern erhalten habe und die diese wiederum von ihren Lehrern erhalten haben und so weiter, in einer fortlaufenden Linie von Weisen, die Tausende Jahre zurückreicht. Wenn wir mit Bodhichitta-Motivation an diese Lehren herangehen, dann sind dem Nutzen, den sie bringen können, keine Grenzen gesetzt. Wenn wir wirklich spüren, dass wir das starke Verlangen haben, anderen zu helfen, und wenn unser Leben diesem Ziel gewidmet ist, dann können wir uns zu den glücklichsten Menschen auf dieser Erde zählen.

2

Macht es etwas aus?

Wenn wir uns fragen: »Macht es etwas aus?«, erkennen wir, wie viele Aspekte jede Situation umfasst. Wir verstehen allmählich, wie sehr wir wechselseitig mit dem Rest der Welt verbunden sind und dass schon unsere Denkmuster zu einer ganzen Reihe von Konsequenzen führen können.

Manchmal ertappen wir uns dabei, wie wir etwas tun wollen, das sich nicht ganz richtig anfühlt. Wir sind drauf und dran, gewohnheitsmäßig zu reagieren, haben aber einen Anflug von Bedenken oder fühlen uns nicht ganz wohl dabei. In solchen Momenten können wir uns viel Ärger ersparen, wenn wir uns eine einfache Frage stellen: Macht es etwas aus?

Wenn ich zum Beispiel gerade eine unfreundliche oder verleumderische E-Mail abschicken will, macht es etwas aus? Macht es für mich etwas aus? Spielt es für andere eine

Rolle? Wenn ich mir etwas nehme, das mir nicht gegeben wird, macht es etwas aus? Macht es einen Unterschied, auch wenn es niemand herausfindet? Wenn ich das letzte Stück esse, die Dose aus dem Fenster werfe oder jemanden wütend anblicke, macht es etwas aus? Welche Folgen hat mein Verhalten? Schade ich mir selbst oder anderen? Wenn ich jemanden beschimpfe, macht es etwas aus? Wenn ich dann meine, das sei mein gutes Recht gewesen, macht es etwas aus? Macht es etwas aus, ob ich mich entschuldige? Welches Drama wird durch diese Worte oder diese Tat ausgelöst? Haben sie eine größere Wirkung auf die Welt?

Diese Fragen stehen in engem Zusammenhang mit einem der Hauptinteressen des Buddha: wie man ein »tugendhaftes« Leben führt. Jede spirituelle Tradition befasst sich mit »Tugend«, aber was ist das eigentlich? Läuft es darauf hinaus, eine Liste von Dos und Don'ts einzuhalten? Muss ein tugendhafter Mensch in jeder Hinsicht ein Musterknabe sein? Muss er deswegen dogmatisch, starr und eingebildet sein? Oder ist da Raum für Verspieltheit, Spontaneität und Entspannung? Ist es möglich, das Leben zu genießen und gleichzeitig tugendhaft zu sein?

Wie viele spirituelle Traditionen hat der Dharma Listen mit guten und schlechten Taten. Buddhisten werden ermutigt, sich an einige grundlegende Regeln zu halten, wie zum Beispiel nicht zu töten, zu stehlen oder zu lügen. Mitglieder der monastischen Gemeinschaft, wie ich selbst, haben viel längere Regellisten zu befolgen. Doch der Buddha hat diese Regeln nicht nur aufgestellt, damit sich Menschen an äußere Verhaltenskodizes halten. Der Buddha wollte ihnen vor allem helfen, sich von Leid zu befreien. Mit der Einsicht, dass Leid unserem verwirrten Geist entspringt, war es sein Ziel, uns zu helfen, aus diesem verwirrten Zustand zu erwachen. Darum hat er bestimmte Verhaltensweisen bestärkt und von anderen abgeraten, je nachdem, ob sie den Prozess des Erwachens fördern oder behindern.

Wenn wir uns fragen, »Macht es etwas aus?«, können wir zuerst auf die äußeren, offensichtlicheren Ergebnisse unseres Handelns schauen. Dann aber können wir tiefer gehen und untersuchen, wie wir unseren Geist beeinflussen: Sorge ich dafür, dass sich eine alte Gewohnheit noch fester einprägt? Verstärke ich Tendenzen, die ich eigentlich schwächen möchte? Wenn ich lügen will, um das Gesicht zu wahren, oder eine Situation manipulieren will, damit alles nach meinem Willen läuft, wohin führt das? Entwickle ich mich dadurch zu einem Betrüger oder einer Person mit Schuldgefühlen, die sich selbst schlechtmacht? Wie wäre es, wenn ich es stattdessen einmal damit versuche, geduldig und großzügig zu sein? Wie beeinflusst das, was ich tue, meinen Prozess des Erwachens? Wohin führt es?

Dadurch, dass wir uns solche Fragen stellen, sehen wir »Tugend« nach und nach in neuem Licht. Bei tugendhaftem Verhalten geht es nicht darum, nur deswegen »gut« zu sein, weil wir das Gefühl haben, wir seien »schlecht« und müssten ein besserer Mensch werden. Unsere Entscheidungen darüber, was wir tun, können von Weisheit und Freundlichkeit geleitet sein statt von Schuldgefühlen oder dogmatischen Regeln. So gesehen läuft es auf die Frage hinaus: »Was erweckt mein Herz, und was blockiert diesen Prozess?«

In der Sprache des Buddhismus verwenden wir das Wort »Karma«. So kann man das Prinzip von Ursache und Wirkung, Aktion und Reaktion bezeichnen. Manche drücken es auch so aus: »Wie man sät, so erntet man.« Es heißt, wenn wir etwas über unsere Vergangenheit erfahren wollen, dann sollten wir uns unsere gegenwärtigen Umstände ansehen, denn sie sind das Ergebnis unserer früheren Taten. Wollen wir etwas über unsere Zukunft erfahren, dann sollten wir uns das ansehen, was wir jetzt tun. Ich finde es hilfreicher, über den zweiten Aspekt des Karmas nachzudenken. Wir können nichts tun, um die Vergangenheit und die Gegenwart zu ändern, aber die Zukunft steht noch nicht fest. Was wir jetzt tun, trägt dazu bei, diese Zukunft zu gestalten – die nicht nur unsere eigene Zukunft ist, sondern eine, die wir mit vielen anderen teilen.

Jedes unserer Worte, jede unserer Handlungen beeinflusst unsere Zukunft. Aber woher kommen Worte und Handlungen? Sie beginnen alle im Kopf. Wenn wir jemandem grollen, wenn uns obsessiv etwas im Kopf herumgeht oder wenn wir selbstgerechte Gedanken haben, erzeugen wir damit mehrere Probleme für uns selbst. Zuerst erleiden wir unmittelbar den Schmerz, den solche Gedanken und Gefühle uns zufügen. Dann agieren wir sie oft auf eine Weise aus, die uns selbst und anderen schadet. Schließlich verstärken wir eine Gewohnheit, ohne die es uns besser ginge.

Diese letzte Folge ist die heimtückischste. In der Hirnforschung ist heutzutage oft von Neuroplastizität die Rede. Unsere Gewohnheiten sind wie Spurrillen im Gehirn, die immer tiefer werden, wenn wir unseren üblichen Denkmustern folgen. Es gibt keinen Ausweg aus der Gewohnheit, solange wir immer wieder der gleichen Spur folgen. Wenn wir aber unser gewohntes Verhalten unterbrechen oder gegen unsere gewohnten Neigungen handeln, schaffen wir allmählich neue Wege im Gehirn.

Diese wissenschaftliche Sichtweise ist der buddhistischen Vorstellung der karmischen Samen sehr ähnlich. Mit unserem Handeln und Denken säen wir ständig Samen in unser Unterbewusstsein, die schließlich, wenn die richtigen Bedingungen zusammenkommen, Früchte tragen. Angenommen, Sie besuchen Ihre Cousine Margaret, über die Sie sich in der Vergangenheit geärgert haben. Meistens verstärkt sich, wenn Sie Zeit zusammen verbringen, Ihr konstantes Gefühl der Verärgerung. Das sät neue Samen der Verärgerung in Ihrem Unterbewusstsein aus. Auch wenn man kein Glas gegen die Wand wirft und nichts Gemeines sagt, »agiert« man es doch in Gedanken aus – zum Beispiel dann, wenn man eine halbe Stunde im Bett verbringt und sich die lange Liste von Margarets Unzulänglichkeiten durch den Kopf gehen lässt. Dann fahren Sie nach Hause und sehen sie eine Weile nicht. Vielleicht denken Sie überhaupt nicht mehr an sie. Aber wenn das nächste Mal, und sei es fünf Jahre später, ihr Name erwähnt wird, ärgern Sie sich wieder – und erneut verstärken Sie diesen Hang. Wie auch immer Ihre Reaktion ist, sie sät weitere Samen in Ihrem Geist aus, die künftig noch mehr Früchte hervorbringen, und so weiter.

Dieses Beispiel veranschaulicht, warum es so schwierig ist, sich aus einem Gewohnheitskreislauf zu befreien. In diesem Beispiel mag es so aussehen, als stünde nicht viel auf dem Spiel. Wie sieht es aber aus, wenn eine solche Situation im privaten oder beruflichen näheren Umfeld besteht, zum Beispiel mit dem eigenen Kind, dem Ehepartner oder dem Chef? Was passiert, wenn das Verhältnis zwischen zwei Ländern von einer derartigen Situation geprägt ist? Und selbst im Fall Ihrer Cousine Margaret, die Sie nur selten sehen, sind größere Auswirkungen möglich. Zum Beispiel kann Ihre Verärgerung negative Gefühle fördern oder Zwietracht in der Familie säen. Sie kann Ihre allgemeine Gewohnheit verstärken, sich leicht zu ärgern. Oder sie verstärkt vielleicht Ihr Gewohnheitsmuster, Dinge zu persönlich zu nehmen, sich auf die Fehler anderer Menschen zu konzentrieren und die Dinge nicht aus der Sicht eines anderen sehen zu können. Sobald wir uns jedoch fragen, »Macht es etwas aus?«, erkennen wir, wie viele Aspekte jede Situation umfasst. Wir verstehen allmählich, wie sehr wir wechselseitig mit dem Rest der Welt verbunden sind und dass schon unsere Denkmuster zu einer ganzen Reihe von Konsequenzen führen können.

Viele meiner Lehrer sprechen über die Notwendigkeit, *payu* zu bewahren. Dieses tibetische Wort kann mit »Bewusstheit«, »Aufmerksamkeit«, »Umsicht« oder »bewusstes Wahrnehmen« übersetzt werden. Wenn wir verstehen, dass alles, was wir tun, sagen und sogar denken, Folgen hat, fühlen wir uns inspiriert, *payu* so gut wie möglich aufrechtzuerhalten. Wir erreichen zwar nicht sofort einen Zustand, in dem *payu* so fein ausgerichtet ist, dass uns überhaupt nichts entgeht, aber es ist eine große Hilfe, um uns karmischer Konsequenzen bewusst zu werden und ein Gespür dafür zu entwickeln, was die Situation verbessert oder verschlimmert. Es hält uns davon ab, uns ganz und gar in leidvolle Emotionen wie Aggression oder Gier zu verstricken. Wir sind vielleicht immer noch wütend oder gierig, doch *payu* verhindert, dass wir uns von diesen Emotionen endgültig mitreißen lassen, bis zu dem Punkt, an dem wir ein riesiges Durcheinander erzeugen. Durch *payu* haben wir ein besseres Urteilsvermögen und Gespür dafür, wie wir unser Leben führen.

Wir können nicht wissen, was im Leben als Nächstes passieren oder was uns als Nächstes in den Sinn kommen wird. Was auch immer wir tun, es hinterlässt eine Prägung in unserem Geist, die so lange unterschwellig im Hintergrund bleibt, bis die richtigen Umstände zusammenkommen – zum Beispiel, wenn wir das nächste Mal den Namen »Margaret« hören. Dzigar Kongtrul Rinpoche vergleicht es damit, ein Foto mit einer Polaroidkamera zu machen: Wenn der Film dem Licht ausgesetzt wird, reagieren die Chemikalien auf das Negativ, und das Bild wird klar.

Vor Kurzem hatte ich eine interessante Erfahrung, die das veranschaulicht. Mich überkam ein Gefühl, das ich seit vielen Jahrzehnten nicht mehr hatte – das Gefühl, abgelehnt zu werden, fast so, als sei ich im Stich gelassen worden. In meiner Jugend, als ich mich ständig so fühlte, war das ein großes Thema für mich. Ich hatte nie die richtige Kleidung oder die richtige Frisur – ich entsprach, so schien es, grundsätzlich nicht der Stellenbeschreibung eines menschlichen Wesens. Doch als sich dieses Gefühl kürzlich wieder bemerkbar machte, hatte ich keine Ahnung, woher es kam. Niemand hat sich in letzter Zeit von mir abgewandt. Trotzdem kam genau dieses Gefühl der Einsamkeit, der Verlassenheit in mir auf. Es war völlig irrational, aber aus irgendeinem unbekannten Grund waren die richtigen Bedingungen zusammengekommen, sodass das entwickelte Polaroid zutage treten konnte. Im Gegensatz zu meiner Teenagerzeit hatte diese Erfahrung jedoch keine Macht über mich. Das lag daran, dass ich sie so sehen konnte, wie sie war, anstatt darin zu schwelgen und weitere Samen des Mich-abgelehnt-Fühlens zu säen.

Obwohl wir nicht vorhersagen oder kontrollieren können, was als Nächstes auf uns zukommt oder wie es uns damit geht, können wir etwas tun, um unsere Reaktion zu steuern. Wir können daran arbeiten, wie wir mit dem, was auftaucht, umgehen. Und hier kommt »Macht es etwas aus?« mit hinein. Die Frage impliziert, dass wir immer die Wahl haben, wie wir reagieren. Und je mehr wir unsere Tage mit *payu* im Geist zubringen, umso leichter können wir die Wahl tatsächlich treffen.

Wenn sich unwillkommene Ereignisse im Leben ergeben, ist es schwer, aus unseren Gewohnheitsmustern auszubrechen. Wir neigen dazu, uns davon mitreißen zu lassen, blindlings ohne jegliche Einsicht zu agieren und dadurch unsere Gewohnheit einfach nur weiterhin aufrechtzuerhalten. Dann wieder lockt uns etwas, das uns nicht guttut – ungesundes Verhalten, eine ungesunde Beziehung, ungesundes Essen –, und wir gehen dem nach, obwohl uns die schädliche Wirkung klar ist. Der Sog dieser Neigung ist zu stark. In einer solchen schwierigen Situation könnten wir jedes Mal leicht glauben, wir seien dazu verdammt, unsere Gewohnheitsmuster bis zum Sankt-Nimmerleins-Tag zu wiederholen.

Man kann es aber auch viel optimistischer sehen. Wenn es unser Ziel ist, zum Wohl unserer selbst und anderer Lebewesen zu erwachen, dann müssen wir uns zwangsläufig ändern. Und solche schwierigen Zeiten sind eine hervorragende Gelegenheit dafür. Jedes Mal, wenn wir uns dabei ertappen, wie wir wieder ins Fahrwasser einer gewohnheitsmäßigen Reaktion geraten, haben wir die Chance, den Schwung zu unterbrechen und eine ganz neue Richtung und Tiefe in unserem Leben zu entdecken.

Wie Trungpa Rinpoche sagte, kann jede Erfahrung zu einer weiteren Blockade gemacht werden, oder sie kann eine Möglichkeit sein, uns selbst zu befreien. Er gibt das Beispiel, dass man nach unten schaut und sieht, dass eine Fliege auf dem Bein sitzt. Wer zur Aggressivität neigt, folgt diesem Gefühl vielleicht und – *klatsch* – tötet die Fliege. Das wird zu einem Element der weiteren Blockierung; man sät mehr Samen der Aggressivität und Unsensibilität, die den Prozess, das Herz zu erwecken, behindern. Im Gegensatz dazu könnten Sie, selbst wenn es Ihrer Neigung zuwiderläuft, versuchen, freundlich auf die Fliege zu reagieren. Sie könnten sie einfach wohlwollend betrachten und entweder sitzen lassen oder Ihre Hand sanft neben sie legen, damit sie wegfliegt. So wird der Zwischenstopp der Fliege auf Ihrem Bein von einem lästigen Ereignis zu einer Gelegenheit, die Saat der Freundlichkeit und Toleranz auszusäen und die Unantastbarkeit des Lebens zu achten. Er wird zu einem kleinen Mittel, offener und aufgeschlossener zu werden, mit anderen Worten: zu einem Mittel, sich zu befreien.

Wir sind in keiner Weise zum Scheitern verurteilt, denn was auch immer passiert, wir können genau jetzt anfangen, unser Bestes zu tun. Irgendeine kleine Handlung ist immer möglich, um unsere gewohnte Reaktion zu ändern, auch wenn es nur eine Kleinigkeit ist. Vielleicht atmen wir ein paarmal tief durch, treten einen Moment beiseite oder gehen einmal um den Block, um die Energie zu verändern. Es kann alles sein, solange es nur den Prozess der Eskalation unterbricht, in dessen Verlauf unser Leid auf dieselbe gewohnte Weise gesteigert wird, immer wieder aufs Neue.

Gewohnheiten können wir nicht von einem Tag auf den anderen überwinden. Wenn Sie den starken Hang haben, zu viel von einer bestimmten Speise zu essen, wäre es ein bisschen viel verlangt, wenn Sie sie ab heute nie wieder essen dürften. Was, wenn Sie im Büro sind, eine Arbeit erledigen wollen, und ein überwältigender Geruch von Schokokeksen weht durchs Fenster herein? (Und ausgerechnet bei Schokokeksen fällt es Ihnen am schwersten, sich nicht daran zu überessen.) Wie gehen Sie sinnvoll mit der Situation um? Müssen Sie das Fenster schließen, sich in die entfernteste Ecke Ihres Zimmers zurückziehen und so lange im vollen Lotossitz ausharren, bis Sie den Eindruck haben, der Geruch sei verflogen? Das ist keine realistische Lösung. Andererseits sollten Sie auch das entgegengesetzte Extrem vermeiden und nicht umgehend die Treppe hinunterrennen, um die Kekse sofort in die Hände zu bekommen. Nehmen Sie sich einfach einen oder zwei Augenblicke Zeit, um dort zu bleiben, wo Sie sind, und das heftige Verlangen nach Keksen wirklich zu spüren. Dieses kleine Bemühen trägt schon dazu bei, Ihre Gewohnheiten zu beeinflussen. Es verändert die Bahnen in Ihrem Gehirn. Selbst wenn Sie dann hinuntergehen und ein paar Kekse essen, können Sie es in dem Wissen tun, dass es Ihnen gelungen ist, Ihr Gewohnheitsmuster leicht zu ändern. Wenn Sie diese Methode weiterhin anwenden, summieren sich diese Änderungen. Irgendwann hat dann der Geruch von Schokokeksen nicht mehr so eine überwältigende Wirkung auf Ihren Geist – was nicht bedeutet, dass Sie sie nicht genießen dürften.

Es spielt in der Tat eine Rolle, was wir tun, sagen und sogar denken. Alles zählt, alles prägt unseren Geist. Gleichzeitig steht uns aber viel Raum zur Verfügung, um uns zu entspannen und das wertzuschätzen, was das Leben zu bieten hat. Die Frage »Macht es etwas aus?« und das Arbeiten mit *payu* ist eine sanfte, aber effektive Methode, um mit unserem Karma umzugehen und unseren Geist und seine Gewohnheiten allmählich zu verändern. Wenn wir den Dreh dieses Vorgehens heraushaben, können wir unser Leben mehr als je zuvor genießen, weil wir nicht mehr fortwährend von unseren selbstzerstörerischen

Neigungen heruntergezogen werden. Das ist der Grund, warum uns der Buddha bestärkt, ein rechtschaffenes, tugendhaftes Leben zu führen.

3

Polarisierung überwinden

Die heutige Zeit ist ein fruchtbarer Boden, um zu üben, einen offenen Geist und ein offenes Herz zu bewahren. Wenn wir lernen können, mit all dem Zerfall auszuharren, ohne zu polarisieren und in Fundamentalismus zu verfallen, dann hat das, was wir heute tun, einen positiven Einfluss auf die Zukunft.

Man kann auf vielerlei Art über die Probleme dieser Welt sprechen, aber auf die eine oder andere Weise haben sie alle mit Polarisierung zu tun. Wir neigen dazu, Menschen, Dinge und Ideen in stark voneinander abgegrenzte, gegensätzliche Kategorien einzuteilen. Bewusst oder unbewusst tragen wir alle Konzepte wie »wir« und »sie«, »richtig« und »falsch«, »Wert haben« und »wertlos sein« mit uns herum. In diesem Bezugssystem ist nicht viel Raum für einen Mittelweg; alles wird entweder dem einen oder dem anderen Pol zugeordnet. Wenn sich Menschengruppen oder ganze Nationen um solche Konzepte scharen, können diese dadurch enorm verstärkt werden, was zu umfassendem Leid führen kann: Diskriminierung, Unterdrückung, Krieg.

Die Wurzeln dieser nationalen und globalen Probleme liegen in der Funktionsweise unseres Geistes. Wir alle haben in jeweils unterschiedlichem Grad das Gefühl, in Opposition zu stehen: innerhalb unserer selbst, zu anderen und zur Welt um uns herum. Wir sind nie ganz zufrieden mit uns, so wie wir sind, mit anderen, wie sie sind, mit den Dingen, wie sie sind. Oft empfinden wir das in Form einer Abneigung gegen das, was wir erleben. Das, was passiert, gefällt uns nicht, und wir wollen es anders haben. Es beginnt vielleicht mit einer unterschwelligen Abneigung, die sich zu offenem Ärger entwickeln kann. Von dort aus kann sie eskalieren und zu ausgewachsenem Zorn und Hass werden. Manchmal hat unser Gefühl des Widerstands etwas mit Wünschen oder Verlangen zu tun. So wollen wir ein Objekt oder eine Situation vielleicht unbedingt haben, weil wir glauben, dass sie uns glücklich macht. Doch solche Wünsche basieren auch darauf, dass wir die Dinge als getrennt von uns sehen – als »das andere«. In beiden Fällen – Abneigung oder Habenwollen – sind wir in einer Form der Polarisierung gefangen. Ob wir nun »dafür« oder »dagegen« sind, es mangelt uns an geistiger Offenheit und Entspanntheit. Wenn wir uns selbst genau beobachten, stellen wir wahrscheinlich fest, dass dies sogar die meiste Zeit der Fall ist.

Glücklicherweise gibt es wirksame Methoden, um an unserer Polarisierungsneigung zu arbeiten. Wir können mit

Selbstreflexion beginnen und das »Dafür« oder »Dagegen« in unseren Gedanken, Worten und Handlungen bewusst wahrnehmen. Wir können auch auf Momente achten, in denen wir nicht polarisieren, und uns darüber freuen. Den ganzen Tag über können wir uns fragen: Verstärke ich mein Gefühl, in Opposition zu stehen? Oder gehe ich gegen diese Neigung vor und verringere die Kluft zwischen mir und der Welt? Steigere ich mein Gefühl, von anderen getrennt zu sein? Oder nähre ich Bodhichitta, das Verlangen und die Verpflichtung, zum Wohl aller Lebewesen zu erwachen?

Es ist ziemlich unkompliziert, auf der Ebene körperlicher Aktivität mit der Polarisierung zu arbeiten. Wenn ich zum Beispiel die Dusche aufdrehe und dann eine Spinne in der Wanne entdecke, habe ich im Wesentlichen zwei Möglichkeiten: Ich kann das Wasser laufen lassen und die Spinne ihrem Schicksal überlassen. Das ist eine polarisierende Handlung, denn sie erzeugt eine große Kluft zwischen uns. Meine Abneigung oder Gleichgültigkeit gegenüber der Spinne macht mich blind für das, was wir als Lebewesen gemeinsam haben. Wir beide wollen glücklich sein und nicht leiden; wir beide wollen leben und nicht sterben. Die andere Möglichkeit ist, das Wasser abzustellen, ein Stück Toilettenpapier zu holen und es zu benutzen, um der Spinne zu helfen, aus der Gefahrenzone zu entkommen. Dann kann ich denken: »Der Tag hat kaum begonnen, und ich habe schon ein Leben gerettet!« Wie Dzigar Kongtrul Rinpoche einmal sagte: »Für dich ist es vielleicht relativ belanglos, aber für die Spinne ist es sehr wichtig.« Und in gewisser Weise kann es auch für uns ein großes Ereignis sein, denn es nährt unser erwachendes Herz. Wir können versuchen, in unserem Tagesablauf generell bewusster wahrzunehmen, wie wir handeln, und jede sich bietende Gelegenheit zu nutzen, um die Kluft zu verringern.

Manchmal werden wir Erfolg haben, dann wieder scheitern – vielleicht sogar kläglich. Was passiert dann? Angenommen, Sie empfinden eine so starke Feindseligkeit gegen jemanden, dass Sie ihn schubsen oder schlagen – oder noch schlimmer. Dass eine Situation so eskaliert, kann jedem passieren. Wenn sich der Sturm frustrierender Voraussetzungen vollständig zusammengebraut hat, braucht man kein gewalttätiger Mensch im klassischen Sinne zu sein, um die Kontrolle zu verlieren. Was ist dann zu tun? Wie gelingt es Ihnen am besten, von Ihrem polarisierenden Verhalten abzulassen und wieder auf den Bodhichitta-Weg zu gelangen?

Eine gängige Methode, mit solchen Handlungen umzugehen, sind Schuldgefühle. Wenn das, was wir getan haben, besonders aggressiv oder verletzend war, halten diese Schuldgefühle unter Umständen lange an, vielleicht sogar für den Rest unseres Lebens. Sich mit Schuldgefühlen zu verkriechen ist jedoch nicht hilfreich, um das Gefühl des Getrenntseins zu überwinden. Es trägt nicht das Geringste dazu bei, dass wir erwachen. Statt also mit Schuldgefühlen auf die Tat zu reagieren, können wir das Beste aus der Situation machen und unsere unangenehme Erfahrung nutzen, um daraus zu lernen.

Wenn Sie jemanden aus Wut weggestoßen haben, können Sie die Situation zunächst dadurch ins Positive wenden, dass Sie Ihr grobes Verhalten einfach anerkennen. Machen Sie sich bereitwillig und offen bewusst, dass Sie auf unserem Planeten Aggression und Streit vermehrt haben, obwohl Sie wissen, dass er davon ohnehin schon mehr als genug hat. Sie können zwar bereuen, was Sie getan haben, sollten aber unverhältnismäßige Anklagen und Schuldgefühle nach bestem Vermögen vermeiden – das ist wichtig. Auf diese Weise Bewusstheit an den Tag zu legen, ohne sich dabei selbst zu zerfleischen, kann eine große Abkehr von Ihren früheren Verhaltensmustern sein, als Sie sich noch davor geschützt haben, Ihr negatives Verhalten einzugestehen, indem Sie es verdrängt oder ignoriert haben. Denn nun haben Sie die Chance, Ihren Fehler in etwas Positives zu verwandeln.

Das, was Sie getan haben, macht Ihnen die schmerzliche Tatsache bewusst, dass sich überall auf der Welt jeden Tag Menschen gegenseitig schubsen, stechen, aufeinander schießen und in vielerlei Hinsicht grausam miteinander umgehen. All das geschieht aus Unwissenheit – Unwissenheit, dass wir alle miteinander verbunden und grundlegend gut sind. Aber statt sich selbst dafür niederzumachen, dass Sie die Nerven verloren haben, können Sie sich vornehmen, Ihre verletzenden Handlungen besser wahrzunehmen, und sich bewusst machen, wie verbreitet solche Handlungen auf der Welt sind. Ihr Handeln hat Ihnen die Augen für die menschliche Lage geöffnet, für die Erkenntnis, wie zerbrechlich und verletzlich wir alle sind. Dieser herzzerreißende Gedanke weckt in Ihnen die Sehnsucht, alles zu tun, was nötig ist, um zu helfen. Aus eigener Erfahrung wissen Sie, wie wichtig es ist, einen Weg zu finden, an Gewohnheitsmustern zu arbeiten und zu lernen, wie man mit den eigenen Emotionen präsent bleibt, ohne zuzulassen, dass sie eskalieren und ausagiert werden. Sie machen sich zuallererst ganz klar, wie Sie in einen solchen Zustand der extremen Polarisierung gelangt sind. Auf diese Weise erneuern Sie ganz natürlich Ihre Verpflichtung, zum Wohl anderer zu erwachen. So kann Ihr scheinbarer Fehler zu einem Mittel werden, um die Geisteshaltung des Bodhichitta zu entwickeln.

Der Grundgedanke ist also, dass wir uns zunehmend bewusst machen, was wir tun, und immer klarer erkennen, dass unser Handeln Konsequenzen hat. Wenn wir unser Verhalten im Hinblick darauf untersuchen, ob es polarisiert, ist das eine Erweiterung der Frage »Macht es etwas aus?« Sobald wir erkennen, was auf dem Spiel steht – nicht nur für uns selbst, sondern für unsere Umwelt und den ganzen Planeten, der so sehr unter Polarisierung zu leiden hat –, sind wir ganz natürlich motiviert, *payu*, aufmerksame Umsicht, walten zu lassen. Wir können unser *payu* allmählich so verfeinern, dass es auf subtileren Ebenen unseres Verhaltens vorhanden ist, angefangen bei unseren Worten.

Ich habe schon lange niemanden mehr weggestoßen und tue alles, was ich kann, um Tieren nicht zu schaden, selbst den lästigsten Insekten und Nagetieren – aber Reden ist eine ganz andere Herausforderung! Wir alle können nachvollziehen, wie schwierig es ist, dass einem keine schädigenden, verletzenden Worte entschlüpfen. Es gibt so viele Varianten polarisierender Sprache, von groben Beleidigungen und Lügen über kleine Spitzen und andere schneidende Bemerkungen bis hin zu Verleumdung, Klatsch und all den anderen Arten, einen Keil zwischen Menschen zu treiben. Bisweilen ist eine polarisierende Sprache den Menschen in unserem Umkreis so vertraut und unter uns so gang und gäbe, dass uns der Schaden, der daraus resultieren kann, nicht einmal bewusst ist. Wie beim körperlichen Handeln besteht die Methode zur Überwindung polarisierender Sprache darin, uns bewusst zu machen, was wir tun – ohne in Schuldgefühle zu verfallen –, und die bedauerliche Erfahrung als Mittel zur Verstärkung des Bodhichitta zu nutzen.

Dann kommen wir zur feinsten Ebene der Polarisierung: der Ebene des Geistes. Im Gegensatz zu unseren Taten und Worten gehen unsere Gedanken nicht in die Welt hinaus und verursachen eklatante Auswirkungen. Aber sind diese Gedanken wirklich so unwichtig? Wir sitzen nur da und denken ganz harmlos: »Ein Dämpfer tut ihr mal ganz gut. Und was er getan hat, war definitiv falsch. Da bin ich mir ganz sicher, denn ich habe andere gefragt, und sie stimmen mir alle zu.« Wir sitzen vielleicht den ganzen Tag in einem Strom kritischer, wertender Gedanken und merken gar nicht, wie viel Polarisierung wir im Geist erzeugen. Die Spurrillen in unserem Gehirn vertiefen sich mit jedem wiederkehrenden Gedanken und bilden Denk- und Verhaltensmuster, Überzeugungen und Einstellungen, die auf Gewohnheit beruhen. Ob bewusst oder nicht, solche Gewohnheitsmuster erhöhen unseren Hang, uns von anderen abzuspalten, und untergraben subtil unseren Wunsch, zu ihrem Wohl zu erwachen. Sie zeigen sich unweigerlich auch in unserer Rede und unserem Handeln. Wenn Sie Julian geistig ständig verurteilen, wird er mit hoher Wahrscheinlichkeit irgendwann herausfinden, was Sie wirklich von ihm halten, und das wird nicht schön sein. Wenn Sie sich dagegen niemals in kritischen Gedanken über Gabrielle ergehen, ist es unwahrscheinlich, dass Sie sie jemals anblaffen, wenn Sie nicht ausgeschlafen sind. Wenn wir eine gesunde Vorsicht vor der zerstörerischen Kraft unserer Gedanken entwickeln, spornt uns das viel mehr an, in punkto verurteilendes Denken schon den Anfängen zu wehren. Dann können wir uns in allen Situationen wohler fühlen, besonders wenn wir mit Leuten zusammen sind, die »unsere Knöpfe« drücken.

Polarisierung ist am problematischsten, wenn wir Menschen entmenschlichen – wenn wir vergessen, dass diejenigen, die wir verurteilen, kritisieren und mit denen wir uneins sind, Menschen sind, genau wie wir. Diese Entmenschlichung kann sich ganz offen manifestieren, zum Beispiel als Apartheid, Sklaverei, Polizeibrutalität oder Völkermord. Doch solche Vorurteile hat auf einer gewissen geistigen Ebene jeder Mensch. Wenn wir uns selbst gegenüber ehrlich sind, sehen wir, dass wir andere normalerweise aus vielen Gründen entmenschlichen. Hat jemand zum Beispiel politische Ansichten, die wir für engstirnig oder rückständig halten, fällt es uns vielleicht schwer, ihn in vollem Umfang als menschlich zu betrachten. Wenn Menschen nicht an den Klimawandel oder die Evolution glauben, halten wir sie vielleicht unbewusst für nicht voll entwickelte Mitglieder der menschlichen Art. Vielleicht verurteilen oder kritisieren wir Menschen wegen ihres Verhaltens, weil sie rauchen, trinken oder Kleidung tragen, die wir geschmacklos finden. Selbst solche geringfügigen Unterschiede in unseren Gewohnheiten und Vorlieben können dazu führen, dass wir uns grundlegend von anderen getrennt fühlen.

Wenn uns unsere Neigung zum Polarisieren bewusst wird und wir ihr entgegenwirken, indem wir Bodhichitta in uns wecken, können wir diese Lücken nach und nach schließen. Dann sind wir in der Lage, alle Menschen als Mitmenschen zu sehen, die wie wir glücklich sein wollen. Das gilt nicht nur für Leugner des Klimawandels und Raucher, sondern auch für diejenigen, die rücksichtslos und herzlos anderen Leid bringen, wie zum Beispiel Personen, die Hassverbrechen begehen, gierige Konzernlenker, Sexualtäter und Kriminelle, die alte Menschen ausplündern.

Eine Praxis, die ich mag, heißt »Genauso wie ich«. Man begibt sich an einen öffentlichen Ort, setzt sich hin und schaut sich um. Staus eignen sich hervorragend dafür. Sie greifen eine Person heraus und sagen sich etwas wie: »Genauso wie ich will sich dieser Mensch nicht unwohl fühlen. Genau wie mir platzt ihm manchmal der Kragen. Genau wie ich will dieser Mensch nicht unbeliebt sein. Genauso wie ich will er Freunde und Vertrautheit haben.«

Wir können zwar nicht von uns behaupten, wir wüssten genau, was ein anderer Mensch fühlt und denkt, aber dennoch wissen wir viel voneinander. Wir wissen, dass

Menschen mit Anteilnahme behandelt und nicht gehasst werden wollen. Wir wissen, dass die meisten von uns hart mit sich ins Gericht gehen, dass wir oft emotional getriggert werden, aber auf die eine oder andere Weise auch hilfsbereit sind. Wir wissen, dass jedes Lebewesen auf der elementarsten Ebene glücklich sein und nicht leiden will.

Andere unter dem Aspekt »Genauso wie ich« zu betrachten ist eine starke Basis, um uns mit ihnen zu verbinden, selbst in Situationen, in denen uns das Polarisieren als etwas ganz Natürliches und Vernünftiges erscheinen mag. Sogar wenn extremistische religiöse Gruppen Menschen enthaupten oder ein rassistischer Schütze Menschen ermordet, die gerade in der Kirche beten, ist noch Raum gegeben, um unsere Verbindung zu den Tätern zu spüren, statt ihnen ihre Menschlichkeit abzusprechen.

Die Mutter von James Foley, einem der von der Terrormiliz IS enthaupteten Journalisten, sagte über den Henker ihres Sohnes: »Wir müssen ihm vergeben, denn er hatte keine Ahnung, was er tat.« Ein solches Maß an Mitgefühl ist nur möglich, wenn wir ein Gefühl dafür haben, welche komplexen Gründe Menschen so weit treiben, dass sie derartige Verbrechen begehen. Diejenigen, die an Gewalt glauben, suchen verzweifelt nach Boden unter den Füßen, wollen mit allen Mitteln ihren unangenehmen Gefühlen entfliehen, wollen unbedingt diejenigen sein, die Recht haben. Was täten wir wohl, wenn wir so verzweifelt wären?

Mitgefühl mit denjenigen zu haben, die uns geschadet haben – und vor allem mit denjenigen, die uns unsere Lieben genommen haben –, fällt nicht leicht. Wir sollten nicht meinen, etwas sei mit uns nicht in Ordnung, wenn wir ein solches Maß an Verständnis und Einfühlungsvermögen im Moment nicht aufbringen. So zu empfinden ist nämlich ganz außergewöhnlich. Kummer – ganz normaler Kummer –, Vorläufer einer solchen Empathie, ist uns oft besser zugänglich. So könnten wir im Fall gewalttätiger extremistischer Milizen die tiefe Trauer aufgrund der gesamten Situation als Grundlage nehmen. Neben unserer Trauer um die Opfer können wir auch darum trauern, dass junge Männer so sehr hassen; dass sie in einem solchen Gewohnheitsmuster des Hasses gefangen sind. Da die Situation so komplexe, weitreichende Ursachen hat, können wir Trauer wegen der Umstände empfinden, unter denen Unwissenheit oder Leid in der Vergangenheit den Hass geschürt haben, der sich jetzt in diesen jungen Männern manifestiert. Wir können uns diese allumfassende Trauer zunutze machen, um das Gefühl des gebrochenen Herzens zu wecken, das Bodhichitta fördert.

Mitgefühl haben ist nicht gleichbedeutend damit, keine Stellung zu beziehen. Es ist wichtig, kein Blatt vor den Mund zu nehmen, wenn wir verletzt worden sind, wenn wir sehen, dass andere verletzt werden, und wenn wir einen Fall von Machtmissbrauch beobachten oder selbst erleben. Ebenso wichtig ist es, aufmerksam und unvoreingenommen zuzuhören, wenn Menschen über ihre Erfahrungen und ihr Leid sprechen. Was dysfunktional war, muss offen angesprochen werden.

Wir leben in einer Zeit, in der alte Systeme und Vorstellungen hinterfragt werden und zerfallen – eine großartige Gelegenheit dafür, dass Neues entsteht. Ich weiß nicht, wie das Neue aussehen wird, und habe auch keine vorgefassten Ansichten, was dabei herauskommen soll. Aber nach meinem Empfinden ist die heutige Zeit ein fruchtbarer Boden, um zu üben, einen offenen Geist und ein offenes Herz zu bewahren. Wenn wir lernen können, mit all dem Zerfall auszuharren, ohne zu polarisieren und in Fundamentalismus zu verfallen, dann hat das, was wir heute tun, einen positiven Einfluss auf die Zukunft.

An unserem Hang zur Polarisierung und Entmenschlichung zu arbeiten, wird der Unwissenheit, der Gewalt und dem Hass, die diese Welt peinigen, nicht sofort ein Ende setzen. Doch jedes Mal, wenn wir uns dabei ertappen, wie wir in Gedanken, Worten oder Handlungen polarisieren, und daraufhin etwas tun, um diese Kluft zu überbrücken, injizieren wir ein wenig Bodhichitta in unsere Gewohnheitsmuster. Wir vertiefen unsere Wertschätzung für unsere wechselseitige Verbundenheit mit allen anderen. Wir stärken die Heilung, anstatt ihr im Weg zu stehen. Und genau diese wechselseitige Verbundenheit ist der Grund dafür, dass wir durch eine Veränderung unserer eigenen Gewohnheitsmuster auch dazu beitragen, die Muster unserer Kultur insgesamt zu verändern. Die Ergebnisse sind nicht sofort sichtbar. Wahrscheinlich werden Sie in einer Woche keine großen Veränderungen bemerken – noch nicht einmal in einem Jahr. Aber geben Sie bitte trotzdem nicht zu schnell auf; denken Sie nicht: »Das mit dem Bodhichitta funktioniert bei mir nicht. Ich suche mir lieber etwas, bei dem ich direktere, greifbarere Ergebnisse habe.«

Glauben Sie mir: Ihre Geduld wird sich auszahlen. Wenn Sie sich fest vornehmen, die Polarisierung in Ihrem Geist zu überwinden, ist das lebensverändernd und auch hilfreich für die Welt.

4

Die hohe Kunst des Scheiterns

Wenn wir über Schuldzuschreibungen und andere Ausflüchte hinausgehen und einfach unsere Verletzlichkeit spüren können, die wie blutendes, rohes Fleisch ist, dann gelangen wir in einen Raum, in dem der beste Teil unserer selbst zutage tritt.

Unserer natürlichen menschlichen Gewohnheit entsprechend hoffen wir fortwährend auf ein Leben, in dem ausschließlich Glück und Freude vorherrschen. Stets sind wir auf der Suche nach einem Weg, wie wir überhaupt nichts Unangenehmes zu spüren brauchen. Wir können jedoch nur dann von ganzem Herzen einen echten spirituellen Weg einschlagen, wenn uns irgendwann dämmert, dass dieser Traum nie wahr werden wird. Solange uns diese Tatsache noch nicht einmal ansatzweise klar ist, ist es schwierig, uns für das Leben in seiner Ganzheit zu öffnen. Stattdessen folgen wir dann weiterhin den Gewohnheiten, die uns im Lauf der Zeit über Generationen hinweg in immer wiederkehrender Angst und Unzufriedenheit festhalten.

Der Buddha hat viel darüber gesprochen, wie wichtig die Arbeit am eigenen Ego ist. Aber was meinte er mit »Ego«? Es gibt verschiedene Möglichkeiten, über dieses Wort zu sprechen, aber eine Definition, die mir besonders gefällt, ist »das, was sich dem widersetzt, was ist«. Das Ego kämpft gegen die Realität an, gegen die ungewisse Offenheit und die natürliche Bewegung des Lebens. Es fühlt sich mit Verletzlichkeit, Unklarheit und damit, etwas nicht genau einordnen zu können, sehr unwohl.

Vor einigen Jahren wurde ich gebeten, die Abschlussrede vor Absolventinnen und Absolventen der Naropa University in Boulder/Colorado zu halten.[1] Ich dachte viel darüber nach, was ich Menschen sagen könnte, die in die Welt hinausgehen würden, ohne zu wissen, was auf sie zukommt. Natürlich weiß das niemand von uns, aber ein Collegeabschluss kann ein besonders schwieriger Übergang sein. Seit mehreren Jahren haben die Studierenden ihren vertrauten Campus, ihren Lebensstil, ihre feste Routine gehabt. Dann, mit einem Mal, sind die Dinge nicht mehr so festgelegt wie bisher, und das Leben wird weit offen.

Ich überlegte, dass in der Bildung Erfolg sehr stark betont wird, Misserfolg hingegen kaum. Also beschloss ich, über die hohe Kunst des Scheiterns zu sprechen. Wie ich den Studierenden sagte, hilft das Erlernen des Scheiterns uns mehr als alles andere im Leben – in den nächsten sechs Monaten, im nächsten Jahr, in den nächsten zehn Jahren, den nächsten zwanzig Jahren, solange wir leben, bis wir tot umfallen.

Wenn wir scheitern, wenn also die Dinge nicht so laufen, wie wir es gern hätten, dann spüren wir unsere Verletzlichkeit sehr stark – wie ein rohes Ei. Unser Ego fühlt sich nicht wohl und versucht, sich aus dieser rohen Verletzlichkeit zu befreien. Eine der häufigsten Methoden ist es, unseren Misserfolg auf etwas zu schieben, das außerhalb von uns liegt. Unsere Beziehung funktioniert nicht, also geben wir der anderen Person die Schuld – oder vielleicht sogar ihrem gesamten Geschlecht. Wir finden keine Arbeit, also weisen wir unseren potenziellen Arbeitgebern, der Gesellschaft insgesamt oder der aktuellen politischen Situation die Schuld zu. Der andere, ebenfalls verbreitete Ansatz besteht darin, dass wir schlecht von uns selbst denken und uns als Versager bezeichnen. So oder so haben wir am Ende oft das Gefühl, mit uns sei etwas grundsätzlich nicht in Ordnung.

Es gibt jedoch einen dritten Weg: Wir können üben, einfach zu fühlen, was wir fühlen. Ich nenne das »die rohe Verletzlichkeit im Herzen halten«. Wenn wir uns gegen etwas sträuben oder versuchen, dem, »was ist«, zu entkommen, macht sich das normalerweise körperlich bemerkbar – in einer Anspannung oder Einschnürung irgendwo im Körper. Wenn Sie ein solches Anzeichen des Widerstands in sich spüren, versuchen Sie, ob Sie nur einen Moment bei dem »rohen« Gefühl des Unbehagens bleiben können, gerade lange genug, dass Ihr Nervensystem sich daran gewöhnt.

Trungpa Rinpoche sagte einmal, unsere Geduld reiche noch nicht einmal dafür, nur drei Minuten mit unangenehmen Gefühlen auszuharren. Als ich das hörte, dachte ich: »Drei Minuten! Dafür hätte man ja schon eine Medaille verdient!« Für die meisten bedeutet es heutzutage schon viel Arbeit, auch nur drei Sekunden Unbehagen auszuhalten! Doch unabhängig von der Dauer steht dahinter der Gedanke, die Zeit allmählich zu steigern, in Ihrem eigenen Tempo. Geben Sie sich immer wieder die Erlaubnis, jeweils noch ein bisschen länger durchzuhalten.

Vielleicht haben Sie eine feste Vorstellung davon, was Sie empfinden – zum Beispiel Angst, Wut oder Enttäuschung. Wenn Sie jedoch mit dem Gefühl präsent sind und es unmittelbar wahrnehmen, werden Sie feststellen, dass Sie es gar nicht so leicht bestimmen können. Diese »Angst« oder »Wut« wandelt, verschiebt und verändert sich ständig. Auch wenn das Unangenehme daran Sie verfolgt, auch wenn es sich sehr bedrohlich anfühlt – bei genauem Hinsehen werden Sie feststellen, dass Sie im Grunde nichts Substanzielles finden können.

Das Ego will Bestimmtheit, es will die Vergänglichkeit kontrollieren, es will Sicherheit und Gewissheit, um sich daran festzuhalten. Es bringt das zum Erstarren, was in Wirklichkeit fließend ist; es will das ergreifen, was in Bewegung ist; es versucht, der großartigen Wahrheit zu entfliehen, dass alle Dinge von ihrer Natur her ganz lebendig sind. Deshalb sind wir unzufrieden, fühlen uns ruhelos, verfolgt und bedroht. Einen großen Teil unserer Zeit verbringen wir in einem Käfig, erschaffen durch unsere eigene Angst vor Unangenehmem.

Die Alternative zu diesem Kampf besteht darin zu üben, wie wir die rohe Verletzlichkeit im Herzen halten können. Durch diese Praxis können wir unser Nervensystem schließlich daran gewöhnen, sich mit der Wahrheit, mit der vergänglichen, unkontrollierbaren Natur der Dinge zu entspannen. Wir können langsam unsere Fähigkeit steigern, weiter zu werden statt enger, loszulassen statt festzuhalten.

Jedes Mal, wenn wir üben, die rohe Verletzlichkeit in unserem Herzen zu halten, gibt uns das einen kleinen Einblick, wie die Dinge wirklich sind. Wir erleben unmittelbar, dass nichts immer gleich bleibt, noch nicht einmal für einen Moment. Wir können nichts zum Stillstand bringen, selbst wenn wir es versuchen. Das, was wir sehen, hören, riechen, schmecken und berühren, und das, worüber wir nachdenken, ändert sich ständig. Selbst unsere belastendsten, unangenehmsten Gefühle haben nichts Festes an sich.

Es gibt ein Musikvideo von Beyoncés Song »Pretty Hurts«, in dem sie wirklich erfasst, wie es sich anfühlt, wenn man sich für eine Niete hält. Ihr Gefühl ist so roh und unverstellt, und sie bringt es einfach voll und ganz in den Song ein. Man erkennt: Obwohl sie enorm erfolgreich ist und es insgesamt nicht besser für sie laufen könnte, hätte sie das Video nicht machen können, wenn sie nicht aus eigener Erfahrung wüsste, wie sich Scheitern anfühlt. Wenn wir in der Lage sind, die rohe Verletzlichkeit in unseren Herzen zu halten, können wir diese Energie nutzen, um Dichtung, Geschriebenes, Tanz, Musik und Gesang zu kreieren. Wir können etwas daraus machen, was andere Menschen berührt und mit ihnen kommuniziert. Künstler haben das seit jeher getan.

Wenn wir uns unseren unangenehmen Gefühlen verschließen, ohne sie bewusst und neugierig wahrzunehmen, wenn wir uns stets hinter einer Maske verbergen oder versuchen, unsere Verletzlichkeit zum Verschwinden zu bringen, entspringen diesem Raum Abhängigkeiten und Süchte aller Art: Aggressivität, Angriffe und Gewalt gegen andere – all das Hässliche. Wenn wir hingegen über Schuldzuschreibungen und andere Ausflüchte hinausgehen und einfach unsere Verletzlichkeit spüren können, die wie blutendes, rohes Fleisch ist, dann gelangen wir in einen Raum, in dem der beste Teil unserer selbst zutage tritt. Unser Mut, unsere Freundlichkeit, unsere Fähigkeit, für andere da zu sein und auf sie zuzugehen – unsere besten menschlichen Eigenschaften entspringen diesem Raum.

Obwohl uns allen ein enormes Potenzial innewohnt, bleiben wir dennoch in einer sehr kleinen, furchtsamen Welt eingeschlossen, die darauf basiert, Unangenehmes, Leidvolles, Unsicheres, Unvorhersehbares vermeiden zu wollen. Wir könnten unermesslich Bereicherndes und Wunderbares erleben, wenn wir unser Nervensystem vollständig an die offene, unsichere Realität der Dinge gewöhnten.

Wie Trungpa Rinpoche sagte, gibt es Geräusche, die wir noch nie gehört haben, Gerüche, die wir noch nie gerochen haben, es gibt Anblicke, die wir noch nie gesehen haben, und Gedanken, die wir noch nie gedacht haben und die Welt birgt ein unglaubliches Potenzial, sich immer mehr zu öffnen und sie als immer weiter zu erleben.

Wenn wir lernen, die rohe Verletzlichkeit in unseren Herzen zu halten, können wir die Erfahrung machen, dass Herz und Geist so weit werden wie das Universum.

5

Der Weg des Nichtablehnens

Nur wenn wir lernen, alle Aspekte unserer selbst vollständig anzunehmen – selbst die scheinbar negativsten Elemente unseres Geistes und unseres Herzens –, lernen wir, auch andere ganz anzunehmen. Nur wenn wir grundlegendes Gutsein sowohl in unserem Lotos als auch in unserem Schlamm entdecken, erkennen wir, dass alle Lebewesen grundlegend gut sind.

In den buddhistischen Lehren begegnet uns oft das Gleichnis von Lotos und Schlamm. Ein Lotos ist im Schlamm verwurzelt. Er strebt im schlammigen Wasser nach oben, bis er die Oberfläche durchdringt und sich zu einer wunderschönen Blüte entfaltet, deren Anblick allen Freude bereitet. Der Lotos steht für die Schönheit und Reinheit unserer grundlegenden Natur, mit anderen Worten, für unser grundlegendes Gutsein. Und was ist mit dem klebrigen, ekligen Schlamm? Er symbolisiert alles Negative in uns, alles, was wir gern überwinden möchten: unsere Verwirrung, selbstzerstörerische Gewohnheiten, die Neigung, uns in einem polarisierenden Geist und einem verschlossenen Herzen zu verstecken. Indem wir uns wie der Lotos durch all das Negative hindurcharbeiten und uns darüber erheben, entdecken wir unser grundlegendes Gutsein und verwirklichen unser volles Potenzial als Menschen.

Doch obwohl dieses tiefgründige Gleichnis vielen Menschen im Lauf der Zeit geholfen hat, kann es leicht falsch aufgefasst werden, nämlich in dem Sinne, dass ein Element der Ablehnung darin enthalten ist. Wir denken vielleicht, es ginge darum, den Teil von uns, der Schlamm ist, abzulehnen und nur den Lotos-Teil zu akzeptieren. Vielleicht hoffen wir, alles Eklige loszuwerden und nur das zu behalten, was wir schön finden. Eine solche Herangehensweise verstärkt jedoch nur unseren Kampf mit uns selbst und fügt unseren emotionalen inneren Konflikten eine weitere Ebene hinzu. Und sie behindert unsere Bodhichitta-Praxis, denn sie hält uns davon ab, uns mit den universell misslichen Umständen des Menschseins zu verbinden.

Im Lauf der Jahre haben mir meine Lehrer den Weg gewiesen, wie ich mit einer ausgefeilteren Methode an das Thema herangehen kann. Ein Ausdruck, den ich sehr mag, stammt von Anam Thubten Rinpoche und lautet »Der Weg des Nichtablehnens«. Vor einigen Jahren schrieb er in einem Brief an seine Schüler: »Weisheitslehren sagen uns, dass wir nichts an uns ablehnen und alle Aspekte gleichermaßen annehmen sollen. Gold ist dasselbe wie Staub. Der Lotos ist ein Teil des Schlamms.«

Wenn wir schmerzliche, unerwünschte, schwierige oder beschämte Gefühle haben, neigen wir normalerweise dazu, sie entweder noch zu verstärken oder zu unterdrücken. Oft tun wir das, ohne es überhaupt zu merken. Wenn uns klarer wird, was in unserem Kopf vor sich geht, denken wir vielleicht, wir müssten nun gegen unsere alten Gewohnheiten und außer Kontrolle geratenen Emotionen ankämpfen. Wir reagieren dann möglicherweise auf der Grundlage von Vorstellungen, was gut und schlecht, ehrenhaft und unwürdig ist. Die Lehren ermutigen uns jedoch, über solche einschränkenden, polarisierenden und oft falschen Urteile hinauszugehen und uns nicht gegen irgendeinen Teil von uns zu wenden. Stattdessen können wir eine Haltung einnehmen, die aus konventioneller Sicht ziemlich radikal ist: Wir können alles, was wir an uns negativ finden, anerkennen und es ebenso annehmen wie unsere sogenannten positiven Eigenschaften.

Das klingt nach einer gewagten, spannenden Idee, aber wie setzen wir sie in die Tat um? Wie nehmen wir eine solche der Intuition zuwiderlaufende Einstellung überhaupt an, wenn unsere Gefühle und Neurosen uns hart zusetzen, so schmerzhaft und ganz und gar nicht theoretisch, wie sie es nun einmal tun? Dafür gibt es mehrere wirksame Methoden, von denen ich zwei hier vorstellen möchte.

Die erste Methode basiert auf einer Lehre von Tulku Thondup Rinpoche. Wenn ein unerwünschtes Gefühl aufkommt, besteht der erste Schritt darin, es so vollständig wie möglich im gegenwärtigen Moment zu spüren, anders ausgedrückt: Halten Sie die rohe Verletzlichkeit in Ihrem Herzen. Atmen Sie damit, lassen Sie zu, dass sie Sie berührt und ganz erfasst – seien Sie offen dafür, so umfassend, wie Sie es in dem Moment vermögen. Verstärken Sie dieses Gefühl dann, intensivieren Sie es. Tun Sie das einfach so, wie es für Sie funktioniert – so, wie es das Gefühl stärkt und verfestigt. Tun Sie das, bis das Gefühl so »schwer« wird, dass Sie es in der Hand halten könnten. Ergreifen Sie das Gefühl an diesem Punkt. Und dann – lassen Sie es einfach los. Lassen Sie es treiben, wohin es will, wie einen Ballon, irgendwohin im riesigen Reich des leeren Raumes. Lassen Sie es immer weiter treiben, hinein ins Universum, während es sich in immer kleinere Teilchen zerstreut, die unvorstellbar winzig und weit entfernt sind.

Das ist keine Praxis, um den Schlamm loszuwerden, sondern eine Methode, unsere Emotionen, Gedanken, Probleme und Schwierigkeiten – all das »Schlechte«, das wir normalerweise nicht wollen – zu relativieren. Statt es zu verstärken, zu verdrängen oder abzulehnen, treten wir bewusst in Verbindung mit dem Gefühl, lassen uns voll und ganz darauf ein, intensivieren es und entlassen es dann in eine neue Umgebung – in den riesigen, allumfassenden Raum des Universums. Ich habe festgestellt, dass diese Methode dann besonders hilfreich und gut anwendbar ist, wenn ich schon »angebissen« habe und meine Gefühle sich sehr real und solide anfühlen.

Die zweite nichtablehnende Methode ist *Tonglen*, was auf Tibetisch »senden und empfangen« bedeutet. Mit dieser radikalen Praxis kehren wir unsere gewohnten Neigungen um, Angenehmes festzuhalten und Leidvolles abzulehnen, uns an Bequemes zu klammern und uns gegen Unannehmlichkeiten zu sträuben, mit anderen Worten: das zu ergreifen, was wir wollen, und das wegzustoßen, was wir nicht wollen. Diese Neigungen, die weitgehend auf Angst und Verwirrung beruhen, verhindern, dass wir vollständig zu unserer grundsätzlich guten Natur erwachen. Sie sind auch die Haupthindernisse unserer Fähigkeit, für andere da zu sein und ihnen zu helfen, ebenfalls zu erwachen.

An dieser Stelle gebe ich einen allgemeinen Überblick über die Praxis und die damit einhergehende Einstellung. (Eine Anleitung zu den einzelnen Schritten der Tonglen-Praxis finden Sie im Abschnitt »Übungen« am Ende dieses Buches.) Wenn wir Tonglen praktizieren, koordinieren wir unseren Geist mit unserem Atem. Bei jeder Ausatmung *senden* wir; bei jeder Einatmung *empfangen* wir. Ich beginne mit dem Aspekt des Empfangens, weil der Bezug zum Thema der Nichtablehnung offensichtlicher ist. Stellen Sie sich bei jeder Einatmung vor, dass Sie unangenehme Dinge in sich einströmen lassen, die Sie normalerweise ablehnen würden. Wenn Sie Angst empfinden und dieses Gefühl – diese unruhige, schnelle, nervenaufreibende, nagende Angst – nicht erleben wollen, dann versuchen Sie nicht, sie so schnell wie möglich loszuwerden, sondern atmen Sie sie ein. Statt mit Gegenwehr zu reagieren, heißen Sie sie willkommen und öffnen sich für sie. Sie atmen sie in Ihr Herz ein, und während Sie sie weiterhin mit jeder Einatmung aufnehmen, spüren Sie, wie Ihr Herz sich immer weiter ausdehnt – es wird so weit, wie es werden muss, um sich mit diesen Empfindungen ganz zu entspannen. Sie können das angstvolle Gefühl auch in Ihren ganzen Körper bringen und sich diesen als einen weit geöffneten Raum vorstellen – einen Raum, der alle Gefühle aufnehmen kann, selbst intensive.

Wie Trungpa Rinpoche einmal sagte, ist es so, als wärst du »der Himmel, der zulässt, dass alle Wolken ihn durchziehen, ohne irgendetwas abzulehnen, was in diesem Raum entsteht.« Ich mag diesen bildlichen Vergleich, denn er zeigt, dass Tonglen mehr eine Kunst als eine exakte Wissenschaft ist. Es ist eher wie Dichtkunst oder Fingermalerei. Sie finden Ihren Weg mit dem Herzen.

Beginnen Sie damit, etwas einzuatmen, das Sie persönlich fühlen. Erweitern Sie dann aber Ihre Reichweite auf alle Menschen, die dieselben Gefühle haben. Ihr Ziel ist es, die mutige Einstellung zu entwickeln, das Gefühl für alle auf sich zu nehmen.

Bisweilen zögern wir vielleicht bei diesem Teil der Praxis, weil wir uns vor dem, was wir einatmen, fürchten. Wir merken, dass wir nur flach atmen, als hätten wir Angst, uns etwas einzufangen. Wenn wir für einen Menschen mit einer Krankheit Tonglen praktizieren, fürchten wir vielleicht, dass wir dadurch ebenfalls daran erkranken. Tonglen infiziert uns jedoch nicht mit neuen Formen des Leidens, die wir nicht bereits in uns tragen. Vielmehr heilt es unseren eigenen Schmerz, indem es uns mit der universellen Erfahrung des Lebendigseins verbindet. Tonglen geht weit über spezielle Leiden hinaus. In dem Maße, wie wir uns für unser eigenes Unbehagen öffnen, können wir auch für das anderer offen werden, und umgekehrt. Das liegt daran, dass es in Wirklichkeit keinen Unterschied zwischen unserem Schmerz und dem der anderen gibt. Furcht ist Furcht. Traurigkeit ist Traurigkeit. Wut ist Wut. Angst ist Angst. Unabhängig davon, ob wir sie als »meine« oder »deine« bezeichnen, sind es eher frei fließende Eigenschaften, die wir alle teilen. Wenn ich »meine« Angst einatme, öffne ich mich für Angst als Ganzes – die Gesamtsumme der Angst in dieser Welt. Ich kann sie einatmen, mich damit entspannen, mich mit ihr anfreunden – und auf diese Weise frei davon werden. Und gleichzeitig kann ich wünschen, dass auch alle anderen Wesen frei von ihren Ängsten sein mögen.

Manchmal ist es so: Je schlechter wir uns fühlen, umso tiefer geht unsere Tonglen-Praxis. Je intensiver wir unsere leidvollen Gefühle empfinden, umso deutlicher wird uns, was so viele andere durchmachen. Das zu verstehen vertieft unser Mitgefühl. Es weckt in uns den Wunsch, das Leid anderer ebenso dringend auflösen zu wollen wie unser eigenes. Es verleiht unserem Leben einen Sinn. Je mehr Mitgefühl wir mit anderen haben, desto mehr können wir unser grundlegendes Gutsein spüren und uns darüber freuen. Aus diesem Grund sind Widrigkeiten – wenn wir wissen, wie wir ihnen ohne Ablehnung begegnen können – das wirksamste Mittel, um zu erwachen. Deshalb sage ich gern, dass in schlechtem Karma unsere große Chance liegt.

Der »sendende« Aspekt von Tonglen kommt aus einem anderen Blickwinkel, fördert aber ebenfalls das Gefühl, offen und mit der Erfahrung anderer verbunden zu sein. Jedes Mal, wenn wir ausatmen, stellen wir uns vor, anderen Wesen all die nützlichen und angenehmen Dinge zu schicken, die wir uns normalerweise selbst wünschen. Manchmal kann das etwas ganz Konkretes sein. Wenn Sie zum Beispiel an einen Obdachlosen denken, können Sie etwas zu essen und eine Unterkunft ausatmen. Oder Sie senden andere universelle Eigenschaften, die jeder gebrauchen kann, wie Freundlichkeit, Wohlbefinden, Entspannung und Wärme – so gehe ich gern an die Praxis heran. Beispielsweise könnte ich einem Obdachlosen das Gefühl geben, geliebt zu werden, denn ich weiß, wie wichtig es für Menschen ist, sich geliebt zu fühlen, besonders wenn sie von der Gesellschaft ausgegrenzt werden.

Der »sendende« Tonglen-Aspekt bereichert unser Leben in zweifacher Hinsicht. Er hilft uns, mehr Mitgefühl aufzubringen und besser für andere da sein zu können. Und er trägt dazu bei, dass wir unseren Hang loslassen können, auf unrealistische, leidvolle Weise an dem festzuhalten, was wir mögen. Wenn es ein schöner, sonniger Tag ist, die Vögel zwitschern und alle uns anlächeln, klammern wir uns tendenziell an diese schönen Gefühle. Wir wollen, dass diese Erfahrung oder Situation so lange wie möglich andauert, und empfinden eine natürliche Abneigung gegen alles, was sie bedroht. Diese Neigung, uns selbst schützen zu wollen, weist darauf hin, dass sich hinter der Freude ein Element unterschwelliger Angst verbirgt.

Wir können unser glückliches Schicksal besser nutzen – und uns noch rückhaltloser darüber freuen –, wenn wir es in Tonglen mit einbeziehen. Gute Gesundheit, leckeres Essen, schönes Wetter, Zeit in der Geborgenheit der Familie, das Gefühl, etwas geleistet zu haben oder Anerkennung zu erhalten, innerer Frieden – wenn uns eine angenehme Erfahrung beschert wird, die sich jeder wünscht, können wir sie geistig mit anderen teilen. Wir können uns wünschen, dass sie dieses Angenehme ebenso sehr genießen wie wir, oder noch mehr.

Die beiden Aspekte des Sendens und Empfangens verstärken und unterstützen sich gegenseitig, sodass es am effektivsten ist, sie jeweils beim Ein- und Ausatmen abzuwechseln. Wenn wir uns beim Einatmen für unsere eigenen unerwünschten Gefühle und die anderer Menschen öffnen – wenn wir also Unwillkommenes willkommen heißen –, entdecken wir mehr Weiträumigkeit in unserem Herzen und im Geist. Wir sind erleichtert, dass wir nicht mehr jede aufkommende unangenehme Erfahrung abwehren müssen. Wenn wir ausatmen, können wir diese Weiträumigkeit und Erleichterung anderen schicken, die ebenso gegen ihre Gefühle ankämpfen.

Welche innere Freiheit und Zufriedenheit auch immer wir durch unsere Praxis des Nichtablehnens erlangt haben, wir können sie allen anderen Menschen und Lebewesen schenken, die diese Eigenschaften ebenso sehr brauchen wie wir. Wir können unser grundlegendes Gutsein von unserem ganzen Körper ausstrahlen lassen und es an immer mehr Wesen – über Länder, Kontinente und Welten hinweg – aussenden, bis es den ganzen Raum durchdringt.

Diese Praktiken des Nichtablehnens sind ein sehr wirksames Mittel, um Bodhichitta zu nähren und Polarisierung zu überwinden. Nur wenn wir lernen, alle Aspekte unserer selbst vollständig anzunehmen – selbst die scheinbar negativsten Elemente unseres Geistes und Herzens –, lernen wir, auch andere ganz anzunehmen. Nur wenn wir grundlegendes Gutsein sowohl in unserem Lotos als auch in unserem Schlamm entdecken, erkennen wir, dass alle Lebewesen gut sind.

6

So, wie es ist

Die wunderbare Ironie dieser spirituellen Reise liegt darin, dass sie uns letztendlich nur dahin führt, so zu werden, wie wir sind. Der erhabene Zustand der Erleuchtung ist nichts anderes, als uns selbst und unsere Welt vollständig zu erkennen, so, wie wir sind.

Wir alle haben Momente, in denen wir das, was wir sehen, schmecken oder riechen, mögen – einfach so, wie es ist. Wir entspannen uns und akzeptieren unsere Erfahrung einfach spontan, ohne zu wollen, dass etwas mehr oder weniger oder anders ist. Wir haben das Gefühl, dass alles, zumindest im Moment, vollkommen ist.

Wenn unser Geist offen und frisch ist, sehen wir überall Schönheit, auch in uns selbst. Wir haben das Gefühl, die Einzigartigkeit jedes Moments zu genießen. Noch nie war alles genauso, wie es jetzt ist, und es wird auch nie wieder genauso sein. Wir sind im Einklang mit der Vergänglichkeit der Welt, mit ihrer Schmerzlichkeit und ihrem tiefen Reichtum.

Die Vorstellung, Dinge einfach so zu schätzen, wie sie sind, ist einfach und gut nachvollziehbar, aber auch sehr tiefgründig. Sie ist der Schlüssel für einen herzlichen, liebevollen Umgang mit uns selbst und anderen. Diese Fähigkeit, uns zu öffnen, etwas »frisch« zu erleben, ist stets in unserem Geist vorhanden. Wir nehmen sie vielleicht nicht immer wahr, aber sie ist im Hintergrund stets vorhanden. Die Frage ist nun, wie wir diese Fähigkeit zutage fördern, mit ihr in Kontakt treten, sie nähren. Wie können wir lernen, immer mehr Zeit in diesem Geisteszustand zu verbringen? Wie können wir das Vertrauen entwickeln, dass alles vollkommen ist, so, wie es ist?

Im ersten Schritt sollten wir erkennen, dass es wichtig ist, wie wir uns geistig ausrichten. Vielleicht stellen wir fest, dass wir uns normalerweise auf das konzentrieren, was unvollkommen ist. Wir haben Gedanken wie: »Ich bin es nicht wert, ich bin unzulänglich, die Welt besteht nur aus Problemen.« Mit einem solchen Blick auf die Welt werden wir überall, wohin wir auch schauen, Unvollkommenes sehen und immer unzufrieden sein.

Um diese negative Ausrichtung zu heilen, gibt es einen einfachen Ansatz: das, was wir mögen, bewusst registrieren. Das können auch ganz gewöhnliche Dinge sein, zum Beispiel die Art und Weise, wie das Licht auf ein Gesicht fällt oder von der Seite eines Gebäudes reflektiert wird. Es könnte der Geschmack Ihres normalen Mittagessens sein, mit seinen verschiedenen Abstufungen von süß, salzig, sauer oder bitter. Es könnte ein Musikstück oder ein Gemälde sein oder die Art, wie sich jemand bewegt. Es könnte eine Stimme sein, die Sie hören. Vielleicht hat eine Fremde gerade zum Sprechen angesetzt, und Sie entdecken zu Ihrer Überraschung, dass sie einen schönen Akzent hat. Menschen und Dinge auf diese Weise zu schätzen erfordert kein besonderes Bemühen, aber es ist herzerwärmend und gibt uns das Gefühl, mit der Welt verbunden zu sein. Es ist viel angenehmer, als von morgens bis abends zu klagen und Missstände anzuprangern, was leicht passieren kann, wenn wir uns einfach von der Dynamik unserer Gewohnheiten leiten lassen.

Ebenso ist es sinnvoll, bewusst alles wertzuschätzen, was wir haben. Was mich betrifft: Jetzt, da ich über achtzig bin, könnte ich über meine körperlichen Schmerzen, Falten oder Zahnprobleme klagen – da fällt mir alles Mögliche ein. Und manchmal klage ich tatsächlich! Wenn aber meine Praxis Wertschätzung und Dankbarkeit ist, kann ich mir ins Gedächtnis rufen, dass ich noch lange Spaziergänge machen kann. Meine ältere Schwester, die früher leidenschaftlich gern gewandert ist, hat Arthritis in den Füßen und kann nicht mehr weit laufen. Ihre Geisteshaltung ist aber positiv, also beschwert sie sich nicht. Doch ihre Arthritis verdeutlicht mir jedes Mal, wenn ich spazieren gehe, wie dankbar ich für meine Beine, Füße und Hüftgelenke bin. Wie wunderbar, dass sie alle funktionieren und dass ich erfrischende, belebende Spaziergänge unternehmen kann, statt am Ende so von Schmerz gepeinigt zu sein, dass ich überhaupt nicht mehr laufen will.

Solche Fähigkeiten können wir jederzeit verlieren. Ich habe immer noch mein Sehvermögen, und obgleich es nicht mehr das ist, was es einmal war, und ich eine Lesebrille brauche, nehme ich immer noch alle Regenbogenfarben wahr. Ich kann den Wechsel der Jahreszeiten sehen, die Nässe auf den Blättern, den Wind, der die Bäume bewegt. Und ich höre auch immer noch recht gut. Einer meiner Freunde hat einen Großteil seines Gehörs verloren, so weit, dass selbst Hörgeräte nicht mehr viel ausrichten. Eines Tages legte er seine Hand auf meine und sagte: »Ich würde alles dafür geben, um einfach nur dasitzen und den Vögeln zuhören zu können.« Und da dachte ich: Ich *kann* den Vögeln zuhören. Ich muss diese Fähigkeit wirklich mehr beachten und sie schätzen, solange ich sie noch habe.

Eine weitere Praxis in diesem Bereich, mit der ich früher oft experimentiert habe, ist es, Fremden, denen man im täglichen Leben begegnet, besondere Aufmerksamkeit zu schenken. Einer meiner ersten Versuche war der mit einer Bankkassiererin. Während sie ihre Berechnungen durchführte, achtete ich bewusst darauf, sie als einen lebenden Menschen zu sehen. Wundersamerweise wurde diese anonyme Kassiererin, deren Funktion scheinbar nur darin bestand, mein Geld abzuzählen, dadurch allmählich zu einer Frau, die ein Leben, eine Arbeit, Freunde, Aktivitäten, Vorlieben und Abneigungen hatte. Ich nahm ihre Kleidung wahr, ihr Haar, die Art, wie sie die Hände bewegte. Ich stellte mir vor, was sie getan hatte, bevor sie an diesem Tag zur Arbeit ging: wie sie ihr Outfit ausgewählt, ihr Make-up aufgetragen und sich in letzter Minute vor Verlassen des

Hauses spontan entschieden hatte, die Ohrringe anzulegen, die ihr Freund ihr kurz zuvor geschenkt hatte. Diese Übung weckte in mir das Gefühl echter, spontaner Zuneigung für diese unbekannte Frau. Ich war ihr herzlich zugetan, einfach deswegen, weil sie ein Mensch mit einem Leben war.

Wenn wir uns bemühen, Menschen bewusst wahrzunehmen, und unsere Vorstellungskraft auf diese Weise einsetzen, spüren wir, dass wir so sind wie alle anderen. Wir alle sind das Zentrum unseres eigenen Universums und gleichzeitig anonyme Menschen, die von anderen nicht einmal gesehen werden. Wir alle haben ein erfülltes Leben mit unseren jeweils eigenen Versionen von Freude und Traurigkeit, Hoffnung und Angst. Wenn wir uns die Zeit nehmen, andere bewusst auf diese Weise wahrzunehmen, dann werden Unbekannte, denen wir begegnen, zu einem Spiegel, der uns zeigt, dass wir selbst menschlich und verletzlich sind. Dann können wir die aufkommende natürliche Herzenswärme, die wir für andere empfinden, in eine natürliche Herzenswärme für uns selbst verwandeln.

Und diese Warmherzigkeit spüren wir nicht nur in Bezug auf das, was wir an uns selbst ohne Schwierigkeit mögen, sondern auch in Bezug auf das, was uns ärgert oder missfällt. Unsere schlechten Gewohnheiten, unsere Ängste, unsere quälenden Gedanken, dass etwas mit uns grundsätzlich nicht stimmt – welche vorübergehende oder chronische Neurose auch immer wir durchleben –, all das ist nur ein Teil dessen, was wir sind, zumindest im Moment. Wir können solchen unbequemen Gedanken und Gefühlen Raum geben, indem wir sie nicht ablehnen, ihnen aber auch nicht auf den Leim gehen. Mit dieser nichturteilenden Haltung können wir uns allmählich wirklich selbst wertschätzen – so wie wir sind. Das wird uns helfen, unser grundlegendes Gutsein kennenzulernen und darauf zu vertrauen. Es ist vollkommen, es lässt nichts vermissen.

Darüber zu sprechen, dass wir die Welt »so, wie sie ist«, und uns selbst »so, wie wir sind«, wertschätzen, ist eine andere Art, über den Weg des Nichtablehnens zu sprechen. Wenn wir diesen Weg beschreiten, wenden wir vielleicht aktive Praktiken wie Tonglen – Senden und Empfangen – an, doch bei anderen Gelegenheiten können wir mit einem einfacheren Ansatz experimentieren. Wir können versuchen, einfach mit allem – unseren Gedanken, unseren Gefühlen, unseren Wahrnehmungen – in der Meditation zu sitzen und alles so sein zu lassen, wie es ist.

In einem Lehrvortrag über den Lotos und den Schlamm sagt Anam Thubten: »Alle existierenden Fehler sind ein Teil von uns. Sie heilen von selbst, wenn wir sie so annehmen, wie sie sind. Sie können Dünger für unser inneres Wachstum sein. Sie zu erkennen, ohne sie zu leugnen oder um sie herum zu lavieren: Darauf kommt es an.« In gewisser Hinsicht ist diese Praxis, sie anzunehmen und einfach da sein zu lassen, ein noch radikalerer Ansatz als Tonglen. Könnte es wirklich wahr sein, dass unsere neurotischen Gewohnheiten und dysfunktionalen Gewohnheitsmuster von selbst heilen, wenn wir einfach präsent mit ihnen ausharren, statt in ihnen zu schwelgen oder vor ihnen wegzulaufen? Es lohnt sich, tiefer darüber nachzudenken und es nach bestem Vermögen auszuprobieren.

Anam Thubten betont, dass es bei diesem mutigen Anerkennen unserer »Fehler« nicht darum geht, sich in Scham- oder Schuldgefühlen zu ergehen. Vielmehr gilt es, wie er sagt, nichts vor dem eigenen Bewusstsein zu verstecken. Statt auf die eine oder andere Weise zu reagieren, können wir uns einfach dafür entscheiden, nichts vor unserem Geist zu verbergen. Alles, was wir beobachten, betrachten wir einfach als reifende karmische Samen. Was auch immer in unserem Geist und Herzen aufkommt, ist einfach unsere aktuelle Erfahrung, nicht mehr und nicht weniger. Auch unsere guten und schlechten Eigenschaften sind vorübergehend und substanzlos, keine endgültigen Beweise für unseren Wert oder unsere Minderwertigkeit. Sie sind kein Bestandteil unserer fundamentalen Natur, die grundlegendes Gutsein ist. Sie sind einfach das, was ist. Wenn wir lernen, so mit unseren Erfahrungen zu arbeiten, erliegen wir nicht dem Sog unserer alten Gewohnheiten, sondern können mit ihnen präsent sein, bis sie sich von selbst beruhigen.

Wenn Sie spüren, dass Sie sich gegenüber dieser kostbaren Welt oder Ihrem guten alten Selbst verschließen, verhärten und anspannen, können Sie »so, wie es ist« als Gegenmittel einsetzen. Es ist ein Mantra, das Sie sofort und überall anwenden können. Einfach zu sagen »Diese Erfahrung ist vollkommen, so, wie sie ist«, oder »Ich bin vollkommen, so, wie ich bin«, ist eine Methode, sich wieder zu fangen, wenn man die eigene Erfahrung in zwei Teile aufspalten will – in »dies gegen das« oder »ich gegen dich«. Auf diese Weise können Sie sich genau dann »bremsen«, wenn Sie sich gerade zu einer dualistischen Art des Wahrnehmens verhärten, eine Sichtweise, die unweigerlich zu Kampf und Unzufriedenheit führt.

Trungpa Rinpoche bezeichnete grundlegendes Gutsein als »unaufhaltsames Strahlen«. Das bedeutet, früher oder später – egal wie stur, faul oder unsicher wir sind – wird uns klar, dass wir selbst und die Welt grundlegend gut sind. Wir entwickeln volles Vertrauen in unsere Erfahrung, »so, wie sie ist«. Das ist unvermeidlich.

Die wunderbare Ironie dieser spirituellen Reise liegt darin, dass sie uns letztendlich nur dahin führt, so zu werden, wie wir sind. Der erhabene Zustand der Erleuchtung ist nichts anderes, als uns selbst und unsere Welt vollständig zu erkennen, so, wie wir sind. Anders ausgedrückt, das Endergebnis dieses Weges ist einfach das: ganz Mensch zu sein. Und der letztendliche Nutzen, den wir anderen zugute kommen lassen können, ist der, dass wir ihnen helfen, ebenfalls ihr Menschsein voll zu verwirklichen, so, wie sie sind.

7

Nicht den Mut verlieren

*Wenn wir als Einzelne resilienter werden –
wenn wir besser in der Lage sind, bewusst zu
bleiben und nicht den Mut zu verlieren –,
können wir auch unter schwierigen
Bedingungen langfristig stark bleiben.
Wir alle können das schaffen.*

Ich kenne einen Mann, der seit vielen Jahren in Los Angeles arbeitet, überwiegend in Latino-Vierteln, um etwas gegen die Gewalt von Gangs zu tun. Er muss immer für die Finanzierung seiner Arbeit sorgen und sich in den Anträgen, die er schreibt, sehr positiv ausdrücken: Alles geht voran, es ändert sich etwas, alles läuft großartig. Doch obwohl er Menschen erfolgreich zu einer Arbeit verholfen und dabei unterstützt hat, ihrem Leben eine positive Richtung zu geben, fühlt er sich beim Schreiben solcher Anträge wie ein Heuchler. Seinem Eindruck nach mögen die Dinge auf dem Papier zwar gut aussehen, aber in Wirklichkeit bessert sich die Situation insgesamt nicht. Fast jeden Tag kommt ihm irgendeine Tragödie zu Ohren. Ein Mann hat sein Leben in den Griff bekommen, hat einen guten Job, eine Familie – und dann wird er eines Tages, während er sein Auto wäscht, erschossen. Und all die gute Arbeit ist dahin.

Viele von uns, die sich in der Welt einsetzen, sind immer wieder entmutigt. Wem die Umwelt, soziale Gerechtigkeit und Gleichberechtigung, Gefängnisreformen, Flüchtlingshilfe oder das Wohlergehen der Menschen und des Planeten im Allgemeinen am Herzen liegen, der kann nur allzu leicht den Mut verlieren.

Aber auch wenn es scheint, als sei vieles nicht mehr in Ordnung zu bringen, halte ich es doch für wichtig, den Mut nicht zu verlieren. Die Frage lautet dann: Wie? Wie können wir vermeiden, in eine Abwärtsspirale hoffnungslosen, negativen Denkens zu verfallen? Oder, wenn wir bereits in eine Talfahrt geraten sind: Wie ziehen wir uns wieder nach oben?

Etwas Ermutigendes, das ich immer wieder von Menschen aus verschiedensten Arbeitsfeldern höre, ist, dass sie viel grundlegendes Gutsein in den Menschen sehen. Mein Freund Jarvis Masters sitzt seit 1985 in Kalifornien im Todestrakt. Die meisten seiner Freunde und Nachbarn haben Menschen ermordet. Aber er hat mir einmal gesagt: »Ich bin noch nie jemandem begegnet, bei dem ich nicht gesehen hätte, dass er grundlegend gut ist. Wenn man wirklich mit diesen Typen spricht, findet man so viel Reue und Kummer und eine traurige Familiengeschichte. Man entdeckt ihre Sanftmut, ihr grundlegendes Gutsein.«

Dass wir so oft entmutigt in eine Talfahrt geraten, liegt daran, dass wir uns von unseren Emotionen mitreißen lassen. Wir können zu Recht entrüstet sein über die Regierung, die Konzerne oder den Chef – wer auch immer der Gerechtigkeit im Weg steht. Doch unabhängig von den Umständen sind wir in einem sehr aufgewühlten Zustand nicht mehr effektiv. Wir sind nicht mehr imstande, so zu kommunizieren, dass eine Veränderung wirklich möglich ist. Uns kommt die Fähigkeit abhanden, das zu tun, was am häufigsten im Bereich unserer Möglichkeiten liegt: uns selbst und den Menschen, denen wir begegnen, wieder Auftrieb zu geben.

Wenn wir »am Angelhaken hängen« – wenn wir wirklich wütend, verärgert, ängstlich oder egoistisch sind –, lässt unsere Bewusstheit ein bisschen nach. Wir verlieren unser *payu,* die bewusste Wahrnehmung dessen, was wir mit Körper, Sprache und Geist tun. In diesem Zustand geraten wir nur allzu leicht in eine Abwärtsspirale. Der erste Schritt, um uns wieder hochzuziehen, besteht darin, wahrzunehmen und anzuerkennen, wann die bewusste Aufmerksamkeit nachlässt. Wenn Sie das nicht tun, kann nichts für Sie besser werden. Denn wie könnten Sie etwas ändern, wenn Ihnen nicht bewusst ist, was vor sich geht?

Es mag knifflig klingen, sich der Tatsache bewusst zu sein, dass einem die Bewusstheit abhandengekommen ist. Wenn Sie aber darauf achten, wann Sie sich in Aufregung hineinsteigern und wie das abläuft, können Sie die Anzeichen richtig deuten. Lassen Sie sich dagegen davon mitreißen, ist Ihnen nicht mehr bewusst, dass allen Menschen dieselbe Verletzlichkeit innewohnt, dass alle glücklich sein und Leid vermeiden wollen. Denn dann sind Sie abgeschnitten von allem, was die menschliche Situation ausmacht, in einem Zustand, in dem die Dinge Sie nicht berühren.

Stellen Sie sich vor, Sie sind an einem schönen Ort mit viel Komfort, Luxus, gutem Essen und angenehmer Gesellschaft. Das klingt zwar nach einem Ort, an dem die meisten von uns gern immer wären, doch in dieser Atmosphäre ist es schwierig, das Leid in der Welt, welcher Art auch immer, nachzuvollziehen oder nachzuempfinden. Vielleicht hören Sie in den Nachrichten, dass gerade irgendwo im Nahen Osten Menschen in die Luft gesprengt worden sind, aber es dringt nicht wirklich zu Ihnen durch.

Auch Entmutigung kann bewirken, dass es zu einem solchen Abgeschnittensein kommt. Dann sind Sie nicht mehr in der Lage, das grundlegende Gutsein des Menschen zu erkennen. Sie können nicht mehr unterscheiden, was in Ordnung gebracht werden kann und was nicht. Sie verlieren generell Ihr Zutrauen. Und von da aus kann man leicht in einen Abwärtskreislauf der Entmutigung geraten – eine sich selbst erfüllende Sicht unserer selbst und der Menschheit als wertlos.

Ob wir es zulassen, dass uns die Bewusstheit abhandenkommt, oder nicht, hat enorme Auswirkungen, nicht nur auf uns selbst, sondern auf die gesamte Gesellschaft. Trungpa Rinpoche hat gesagt, wenn genügend Menschen auf das grundlegende Gutsein vertrauen und auf unsere Fähigkeit, uns selbst wieder hochzuziehen und für andere da zu sein, dann wird die Gesellschaft bei wachsenden Herausforderungen stärker, anstatt unterzugehen.

Nachdem die Flugzeuge ins World Trade Center gerast waren, hielten zunächst viele New Yorker zusammen. Die Realität jedes Einzelnen war so aus den Fugen geraten, dass nichts anderes in Betracht kam, als sich gegenseitig zu helfen. Das galt eine Zeitlang, doch dann entfaltete das Trauma des ganzen Ereignisses seine volle Wirkung, und die Menschen gingen dazu über, sich angstvoll zu verschließen. Sie verloren ihre Bewusstheit. Einige Monate nach dem Ereignis zeigte ein Cartoon in *The New Yorker*, wie eine Frau zur anderen sagt: »Es ist schwer, aber langsam komme ich wieder dahin, alle zu hassen.« Genau dieses Muster ist in vielen schwierigen Situationen zu beobachten. Wenn beispielsweise jemand sehr krank wird, ziehen alle an einem Strang, um zu helfen. Dauert die Krankheit aber ein oder zwei Jahre an, ziehen sie sich zurück, weil es ihnen zu viel wird.

Wenn wir als Einzelne resilienter werden – wenn wir besser in der Lage sind, bewusst zu bleiben und nicht den Mut zu verlieren –, können wir auch unter schwierigen Bedingungen langfristig stark bleiben. Wir alle können das schaffen. Aus eigener Erfahrung weiß ich, dass es so ist. Früher habe ich mich immer wieder in eine Abwärtsspirale fallen lassen, aber nach vielen Jahren der Meditation und der empfangenen Lehren merke ich auf, wenn sich die Situation verschlechtert. Sobald ich spüre, dass ich mich verschließe, kommt ein bisschen Spannung in mir auf. Es ist eine Chance, das alte Gewohnheitsmuster umzukehren und mich wieder hochzuziehen! Es hat etwa achtzig Jahre gedauert, bis ich so weit gekommen bin, aber ich weiß: Wenn ich es kann, dann kann es jeder. Wir alle starten auf verschiedenen Ebenen der »Nichtbewusstheit«, aber wo immer wir sind, können wir mit etwas Übung immer besser werden.

Wenn wir wegen unserer eigenen Lebenskämpfe den Mut verlieren, ist eines der besten Gegenmittel, die Dinge in einem größeren Zusammenhang zu sehen. Manchmal geschieht das von selbst. So habe ich zum Beispiel mit einem Studenten gearbeitet, der zwar ein wunderbarer Mensch war, aber in bestimmten Lebensbereichen in eine Sackgasse geraten war. Er hatte die Angewohnheit, sich innerlich abzukapseln, was dazu führte, dass er sich wie ein Opfer fühlte. Er sagte immer: »Warum ich?« Ich versuchte, ihm Ratschläge zu geben. Er hatte eine jahrelange Therapie hinter sich und hatte viel Mutiges getan, um mit seinen Problemen weiterzukommen, aber nichts hatte funktioniert. Trotz seines offensichtlichen grundlegenden Gutseins und seiner Stärke drang nichts zu ihm durch.

Dann erfuhr er, dass er unheilbaren Krebs hatte. Über Nacht änderte sich sein schädliches Gewohnheitsmuster. Kurz darauf saß ich mit ihm im Auto, und jemand überquerte langsam die Straße, nachdem die Ampel schon umgesprungen war. Er regte sich auf – seine gewohnte Reaktion in solchen Situationen – , doch dann hielt er abrupt inne und sagte: »Ich habe keine Zeit, mich über jemanden zu ärgern, der zu langsam über die Straße geht.«

Er hatte auch einige festgefahrene Beziehungen, besonders die zu seiner Mutter. Immer wieder drehten sie sich bei ihren Auseinandersetzungen im Kreis. Doch nach seiner Krebsdiagnose telefonierte er mit ihr und als sie etwas äußerte, das normalerweise eine heftige Reaktion bei ihm ausgelöst hätte, sagte er: »Mom, ich werde wahrscheinlich bald sterben, und ich habe keine Zeit mehr, dich so zu behandeln.« Über Nacht war alles anders geworden. Seine Jahre der Meditation und Therapie hatten den Boden bereitet, aber erst als er die Dinge in einem größeren Zusammenhang sah, konnte er sich tatsächlich aus seinen Gewohnheiten befreien.

Herauszufinden, dass uns nicht mehr viel Zeit bleibt, kann dazu beitragen, unsere Perspektive zu erweitern, aber nicht jeder erhält plötzlich eine schlimme Krebsdiagnose. Wir brauchen uns nicht davon abhängig zu machen, dass uns ein dramatisches oder lebensbedrohliches Ereignis aufrüttelt. Hier denke ich wieder an meinen Freund Jarvis im Todestrakt, der die Dinge aus einer umfassenden Perspektive sieht, weil er so viel Zeit damit verbracht hat, sein Mitgefühl zu entwickeln. Einmal war er auf dem Gefängnishof, als ein Wachmann ihn verspottete und versuchte, ihn zu einer Reaktion zu verleiten. Doch Jarvis schluckte den Köder nicht. Seine Freunde fragten: »Warum lässt du dir das von ihm gefallen? Wie kannst du nur so ruhig bleiben? Liegt das an deinem Buddhismus?« Und er erwiderte: »Nein, es liegt nicht an meinem Buddhismus. Ich habe Briefe von den Kindern der Wachleute erhalten, in denen steht, dass ihre Eltern nach einem harten Tag oft ihre Frustration an ihnen auslassen. Ich wollte nicht, dass dieser Mann nach Hause geht und seine Kinder schlägt.«

Mitgefühl kann also auch unsere Sichtweise erweitern. Wir rufen uns in Erinnerung, welche umfassenderen Konsequenzen es hat, wenn wir uns ködern lassen, und verhalten uns nicht so, dass es anderen Leid bringt.

Wie mir einmal jemand sagte: Wenn deine Bewusstheit zunimmt, entdeckst du als Erstes den Grund, warum du all die Jahre unbewusst warst. Bewusst sein bedeutet, dass man wirklich fühlt, was man fühlt, während man in seiner rohen Verletzlichkeit ist. Mein krebskranker Freund war bereit, sich an diesen verwundbaren Ort zu begeben, weil er keine Zeit mit Belanglosigkeiten verschwenden wollte, als alles angesichts dessen, was auf ihn zukam, unbedeutend erschien. Jarvis ließ zu, dass er gegenüber jemandem, der Macht über ihn hatte, verletzlich blieb, weil ihm bewusst war, welche Folgen seine Reaktion für die Familie des Wachmanns haben könnte. Beide sahen die Situation in einem größeren Kontext, sodass ihnen ein ganzer Bereich der Praxis zugänglich wurde: zu lernen, wie man mit der rohen Verletzlichkeit des Menschseins ausharrt.

Eine umfassendere Perspektive zu entwickeln und als Individuen bewusster zu werden hat auch positive Auswirkungen auf unsere Gesellschaft. Wenn genug von uns in der Lage sind, wirklich zu fühlen, was sie fühlen; wenn genug von uns mit ihrer Verletzlichkeit standhaft ausharren können und sich nicht in eine Abwärtsspirale ziehen lassen, dann wird das ganz natürlich dazu führen, dass mehr Menschen füreinander da sind.

Wenn ich Nachrichten lese oder Menschen zuhöre, die in ihrem beruflichen Bereich entmutigende Situationen hinnehmen müssen, erfasst mich ein bestimmtes Gefühl und signalisiert mir, dass ich eventuell »hinuntergezogen« werden könnte. Der Auslöser, der die Abwärtsspirale in Gang setzt, ist individuell unterschiedlich. Manche können es nicht ertragen zu sehen, wie viel Aggression und Gewalt es auf der Welt gibt; andere zieht der Anblick zügelloser Gier oder Ungerechtigkeit hinunter oder auch, wenn jemand dem Leid anderer gefühllos gegenübersteht. Was mich persönlich, wie ich bereits erwähnt habe, wirklich reizt, ist das Polarisieren, das gerade jetzt stark überhandnimmt und sich an Themen wie Religion, ethnische Zugehörigkeit, sexuelle Präferenz und Gesellschaftsschicht entzündet. Es umfasst jegliche Art und Weise, wie Herz und Geist sich in Bezug auf unsere Ansichten verhärten, wie wir uns verschließen und in »wir« und »sie« aufspalten. Da für mich Polarisierung potenziell das Entmutigendste ist, möchte ich meine Methode, wie ich daran gearbeitet habe, als Beispiel zur Veranschaulichung heranziehen.

In einem ersten Schritt suche ich nach Polarisierungstendenzen in mir selbst. Ich muss also genug Mut aufbringen, um das Gefühl der Verletzlichkeit angesichts meiner eigenen Neurose zu spüren und damit standhaft auszuharren, ohne zusammenzubrechen oder mich zu verstecken. Wenn ich ehrlich nach Polarisierung in mir selbst suche, finde ich eine Menge Unnachgiebigkeit und Das-Problem-bei-den-anderen-Sehen. Ich stelle fest, dass ich andere oft als Gegner betrachte, die nur Fehler haben – im Gegensatz zu meiner eigenen Fehlerlosigkeit. Oft hat man mich schon darauf aufmerksam gemacht, dass ich solche Gewohnheiten habe, aber wenn ich nicht näher hinsehe, erkenne ich sie nicht.

Nachdem ich meine eigenen Gewohnheiten in den Fokus gerückt habe, wecke ich in mir das starke Bestreben, alles zu tun, um der Welt keine weitere Polarisierung mehr hinzuzufügen. So kann ich meine Handlungen in einen größeren Zusammenhang stellen. Ich reagiere nicht mehr reflexartig auf das, was mich ärgert. Sobald ich dieses Bestreben in mir geweckt habe, kann ich leichter ein Gegenmittel gegen das unangenehme Gefühl einsetzen, das mich in Richtung Polarisierung drängen will. Zum Beispiel kann ich Tonglen praktizieren oder das Gefühl einfach da sein lassen, so, wie es ist.

Bislang habe ich, was das betrifft, leider keine großartige Erfolgsgeschichte vorzuweisen. Es ist eine fortlaufende Arbeit. Allerdings bin ich inzwischen oft in der Lage, mein eigenes Polarisieren in einem größeren Zusammenhang zu sehen. Es geht hier nicht darum, ein braves Mädchen zu sein, gerade zu sitzen und nicht mehr schlecht über andere zu reden, oder um Regeln wie »Nette Leute tun das nicht – und vor allem keine Nonnen.« Ebenso wenig geht es darum, mich zu beschämen oder zu beschimpfen oder mich in die Kategorie »schlechter Mensch« einzuordnen. Aber an die größeren gesellschaftlichen Auswirkungen zu denken – das macht es für mich einfacher, damit aufzuhören. So wie viele kleine Tropfen einen Eimer mit Wasser füllen, braucht es viele Menschen wie mich, die einen Groll gegen andere hegen, um eine polarisierte Gesellschaft zu schaffen. Ich will wirklich nicht zu diesen Tropfen gehören.

Ein weiteres Beispiel: Eine Frau aus meinem Bekanntenkreis war völlig untröstlich, als sie darüber nachdachte, wie viele Menschen auf der Welt das Gefühl haben, etwas sei nicht in Ordnung mit ihnen. Wenn Millionen oder Milliarden Menschen sich selbst verunglimpfen, haben wir Millionen oder Milliarden von Menschen, denen ihre Bewusstheit abhandenkommt, weil sie nicht fühlen wollen, was sie fühlen. Es ist leicht zu erkennen, dass nichts Schönes dabei herauskommt. Und es ist ebenfalls leicht zu erkennen, dass dies ein wesentlicher Grund dafür sein könnte, warum es so viele Konflikte auf der Welt gibt. Diese Frau beobachtete nun ihren starken Hang zur Selbstkritik in diesem größeren Zusammenhang. Sie wollte nicht noch mehr Tropfen in den Eimer der Selbstverunglimpfung geben. Wenn schlechte Gefühle in Bezug auf sich selbst in ihr aufstiegen oder sie sich unzulänglich fühlte, sagte sie einfach: »Ich lasse mich nicht darauf ein, weil ich dem Planeten keine weitere Selbstkritik hinzufügen will.«

Das Wesentliche ist hier: Der Weg, den Mut nicht zu verlieren, besteht darin zu erkennen, dass alles, was wir tun, eine Rolle spielt – und zwar in beide Richtungen. Wenn wir in die Defensive gehen, uns verschließen und in Unbewusstheit verfallen, fügen wir dem Planeten, der ohnehin schon genug unter solchen Tendenzen leidet, noch weitere solche Elemente hinzu. Wenn wir dagegen zulassen, dass wir unsere Verwundbarkeit spüren, wenn wir aufrecht sitzen bleiben, obwohl wir am liebsten in uns zusammenfallen würden, und wenn wir nicht um uns schlagen, obwohl wir provoziert werden, dann haben wir eine positive Wirkung auf die Welt insgesamt. Unser Selbstvertrauen und Wohlbefinden zu bewahren kommt unserer Familie, den Menschen an unserem Arbeitsplatz und allen, mit denen wir kommunizieren, zugute. Glücklichsein ist ansteckend.

Wenn mehr von uns lernen, auf ihr grundlegendes Gutsein zu vertrauen, stärkt das die Gesellschaft. Das heißt nicht, dass keine harten Zeiten mehr kommen. Es heißt nicht, dass es keine Gewalt, Ungerechtigkeit und Armut mehr gibt. Und es bedeutet nicht, dass die Polkappen nicht abschmelzen und das Wasser in den Ozeanen nicht ansteigt. Aber es bedeutet, dass es viele resiliente Menschen gibt, die die Menschheit niemals verloren geben und immer da sein werden, um anderen zu helfen. Es bedeutet, dass das Beste in den Menschen zutage gefördert wird und nicht das Schlechteste, falls es einmal hart auf hart kommt. Wenn wir lernen, den Mut nicht zu verlieren, werden wir immer Wege finden, einen wichtigen Beitrag für unsere Welt zu leisten.

8

Jenseits der Komfortzone

Je bereitwilliger Sie aus Ihrer Komfortzone heraustreten, umso wohler fühlen Sie sich im Leben. In Situationen, die Ihnen früher Angst gemacht und Übelkeit verursacht haben, können Sie sich nun leichter entspannen. Außerdem: Wenn Sie die ganze Zeit in Ihrer Komfortzone verharren, schrumpft sie.

Vor einigen Jahren habe ich einen Brief an meine Schüler geschrieben, in dem ich sie fragte, wo sie Zuflucht suchten: »In harten Zeiten – wenn ihr Angst habt, einsam seid, wütend seid, wenn alles zusammenbricht, in Zeiten voller Schwierigkeiten – wo sucht ihr Zuflucht?« Normalerweise erhalte ich keine Antworten auf diese Briefe, aber auf diesen hin haben viele mir geschrieben. Sie fanden die Frage so hilfreich, weil sie zugeben mussten – was mich nicht im Geringsten überraschte –, dass sie in schwierigen Zeiten Zuflucht bei Netflix suchten oder bei übermäßigem Essen oder anderen Arten der Unterhaltung und Ablenkung.

Buddhistische Praktizierende sagen traditionell, dass sie Zuflucht zu den drei Juwelen nehmen: Der Buddha ist uns ein Beispiel, Vorbild und Inspiration. Der Dharma ist die Lehre des Buddha und anderer, die wie er erwacht sind. Der Sangha ist die Gemeinschaft von Menschen, die ebenfalls auf dem Weg des Erwachens sind. Doch als ich meine Schüler fragte, wo sie wirklich Zuflucht suchten, waren viele von ihnen ehrlich genug zuzugeben, dass sie sich nicht zuerst den drei Juwelen zuwandten. Stattdessen griffen sie auf das zurück, was gewohnt und einfach war.

Trungpa Rinpoche bezeichnete die meisten Zufluchtsarten als »Komfort-« oder »Bequemlichkeitsneurose«. Wenn Babys Trost oder Bequemlichkeit haben wollen, nuckeln sie vielleicht am Daumen. Wenn es für uns Erwachsene schwierig wird, betreiben wir in der Regel unsere eigene Version des Daumenlutschens. Die Frage, die wir uns also stellen müssen, lautet: »Was ist mein Daumen?«

Ich bin auf ein Buch mit dem Titel *True Refuge* von Tarchin Hearn, einem Lehrer in Neuseeland, gestoßen. Er berichtet, dass die Menschen in seinem Dharmazentrum jeden Morgen chanten, dass sie Zuflucht zu Buddha, Dharma und Sangha nehmen. Anschließend bittet er sie, darüber nachzudenken, was sie wirklich in schwierigen Zeiten tun. Wenn sie zum Beispiel fernsehen oder Filme und Videos bei Netflix, YouTube und Co. streamen, dann rät Tarchin Hearn, die Dinge beim Namen zu nennen. Wenn Sie gerade auf »Play« klicken wollen, legen Sie Ihre

Hände zusammen und sagen Sie: »Ich nehme Zuflucht zu Netflix.« Oder wenn es bei Ihnen das Essen ist, dann legen Sie, wenn Sie gerade den Kühlschrank öffnen wollen, die Hände zusammen und sagen Sie: »Ich nehme Zuflucht zum Kühlschrank«, oder »Ich nehme Zuflucht zu diesem Erdnussbutter-Sandwich, das ich jetzt um zwei Uhr morgens essen will.«

Um tiefer in dieses Thema vorzudringen, finde ich das Modell des persönlichen Wachstums hilfreich, das vom sowjetischen Psychologen Lew Wygotsky in den Dreißigerjahren des letzten Jahrhunderts aufgestellt und vor nicht allzu langer Zeit von PassageWorks, einer Pädagogengruppe in Boulder, Colorado, weiterentwickelt worden ist. Dort hörte ich zum ersten Mal den Ausdruck »Unwillkommenes willkommen heißen«. Dieses Modell kann mit einem Diagramm veranschaulicht werden, das drei konzentrische Kreise zeigt. Der innere Kreis ist die »Komfortzone«. Um diesen herum befindet sich die »Lernzone« oder »Wachstumszone«. Der äußere Kreis wird als »Panikzone« bezeichnet.

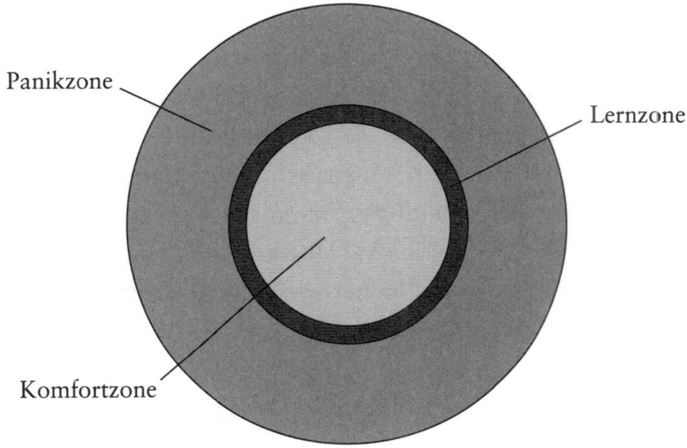

Zur Komfortzone zieht es uns am stärksten hin. Dort halten wir uns am liebsten auf. Nun, ich sage nicht, dass es grundsätzlich falsch ist, Filme zu streamen. Ich sehe mir selbst sehr gern Filme an. Und jeder braucht Bequemlichkeit. Aber wenn Sie den Rest Ihres Lebens nur damit zubringen wollen, es bequem zu haben und jeden Abend mit einer Tüte Chips vor dem Fernseher sitzen, kann das problematisch sein. Es gibt definitiv schädlichere Wege, es bequem und komfortabel zu haben, aber wir sollten uns dennoch fragen: Wenn wir immer in dieser engen Komfortzone bleiben, wie können wir dann wachsen?

Die Lernzone ist der Bereich, in dem wir über das, was wir als bequem empfinden, hinausgehen. Angenommen, Sie haben ein Problem mit Geiz. Er ist tief in Ihnen verankert. Dinge zu verschenken, fühlt sich für Sie so an, als würden Sie Ihren Boden unter den Füßen preisgeben; es bedroht Ihr ganzes Wesen. Sie können in Ihre Lernzone eintreten, indem Sie sich entscheiden, etwas ganz Kleines zu verschenken. Ich zum Beispiel habe oft Mühe, einen Stift zu finden, mit dem ich gut schreiben kann. Wenn ich endlich einen gefunden habe, kann mir der Gedanke, ihn zu verschenken, sogar leichte Übelkeit bereiten. Tiefe Probleme mit Bindung und Sicherheit können dadurch getriggert werden. Wenn ich ihn aber tatsächlich verschenke, begebe ich mich in meine Lernzone. Ich spüre das Unbehagen und sehe, dass ich überlebe. Am nächsten Tag kann ich dann ein weiteres kleines Geschenk machen – eine Briefmarke, ein Lächeln, wenn mir nicht nach Lächeln ist, alles, was die Grenze ein bisschen verschiebt. Die Lernzone ist eine Herausforderung, aber genau dort wachsen wir am meisten.

Der äußere Kreis in diesem Modell wird als Panikzone bezeichnet. Dieser Bereich überfordert uns in der Regel und ist daher unserem Wachstum nicht förderlich. Er ist damit vergleichbar, sich am tiefen Ende des Schwimmbeckens wiederzufinden, obwohl man noch nicht einmal schwimmen kann. Sie sind einfach nicht bereit dafür. Würden Sie sich selbst dazu zwingen, sich in der äußeren Zone aufzuhalten, dann wären Sie zu traumatisiert, um etwas zu lernen. Einige Menschen, die ihre Dharma-Praxis zu hart vorantreiben, laufen schreiend davon und meditieren nie wieder. Solche Gegenreaktionen können auftreten, wenn Sie versuchen, direkt von Ihrer Komfortzone in die äußere Zone zu springen. Wenn Sie aber so viel Zeit wie möglich in Ihrer Lernzone verbringen, sind Sie schließlich auch für einige dieser größeren Herausforderungen bereit.

Die drei Zonen verlaufen bei den Einzelnen sehr unterschiedlich. Die Panikzone des einen kann die Lernzone des anderen sein. Ich denke zum Beispiel oft an den unglaublichen Mut der *Freedom Rider*, die Anfang der 1960er-Jahre Bus fuhren – etwas, das Schwarzen verboten war –, um die Rassentrennungsgesetze im Süden der USA anzufechten. Sie begaben sich in Situationen, in denen es vielen Menschen Vergnügen bereitete, sie zu beleidigen oder anzugreifen – Erfahrungen, die für die meisten überwältigend und traumatisierend wären. Manchmal kamen die Aktivisten sogar dabei ums Leben. Aber nicht alle hatten Angst. Vor einigen Jahren traf ich einen der Freedom Rider und gewann den Eindruck, dass das Fahren mit diesen Bussen tatsächlich in seiner Komfortzone lag. Er blühte dabei auf, sodass er sich sogar dann wohlfühlte, als er sein Leben aufs Spiel setzte. Vielleicht hätte er es als schwieriger empfunden, im Büro zu hocken und Anrufe entgegenzunehmen.

Je bereitwilliger Sie aus Ihrer Komfortzone heraustreten, umso wohler fühlen Sie sich im Leben. In Situationen, die Ihnen früher Angst gemacht und Übelkeit verursacht haben, können Sie sich nun leichter entspannen. Außerdem: Wenn Sie die ganze Zeit in Ihrer Komfortzone verharren, schrumpft sie. Es ist mit einer bewachten Wohnanlage vergleichbar: Das Tor vermittelt Ihnen das Gefühl, geschützt zu sein. Doch was, wenn Ihre Waschmaschine ausfällt und jemand hereinkommen und sie reparieren muss? Je mehr Sie die Gefahr aussperren wollen, desto mehr fürchten Sie sich vor jedem. Und je älter Sie werden, umso bedrohter fühlen Sie sich. Etwas, das Sie mit dreißig oder vierzig nicht gestört hat, kann Sie mit siebzig oder achtzig sehr verunsichern.

Im Zusammenhang mit der Frage, wo wir Zuflucht suchen, halte ich es für sehr hilfreich, diese drei Zonen im Blick zu behalten und darauf zu achten, wie wir uns ausrichten. Manchmal müssen wir einfach sagen: »Ich habe jetzt gerade das Bedürfnis, in meiner Komfortzone zu bleiben, weil ich gestresst bin und es mir hilft.« Ist das der Fall, dann respektieren Sie es. Aber bei anderen Gelegenheiten merken wir vielleicht, dass wir uns selbst etwas vormachen. Wir können nicht ehrlich von uns behaupten, dass wir Zuflucht zu den drei Juwelen nehmen. Wir können nicht ehrlich sagen, dass wir unserer Absicht folgen, das Leben für unser persönliches Wachstum zu nutzen. Wenn wir aber verstehen, wie Wachstum vor sich geht, und inspiriert sind, den Weg des Erwachens zu gehen, dann haben wir zunehmend Lust auf das, was uns herausfordert. Wir werden immer mehr von den Orten angezogen, an denen Lernen und Vertiefung stattfinden können.

Im 14. Jahrhundert schrieb der tibetische Weise Thogme Sangpo *37 Übungen eines Bodhisattvas*, das immer noch eines der meistzitierten und beliebtesten Gedichte der buddhistischen Literatur ist. Jede Strophe enthält Ratschläge, wie man wie ein Bodhisattva lebt, ein Mensch, dessen höchstes Lebensstreben es ist, zum Wohl aller Lebewesen zu erwachen. In einem Vers beschreibt er eindringlich, warum ein Lebensstil, der sich an Bequemlichkeit orientiert, nicht zufrieden macht. Glück »wird seiner Natur nach in einem Moment verschwinden«, sagt er, »wie Tau auf der Spitze eines Grashalms«.[2] Das eigene Wohlbefinden auf etwas nicht Dauerhaftes zu gründen ist eine sinnlose Lebensstrategie. Selbst wenn man etwas erhält, was man sich schon immer gewünscht hat, ist die Freude daran nur von kurzer Dauer.

Das eindrücklichste Beispiel ist Verliebtsein. Der erste »leidenschaftliche« Teil – die Flitterwochenphase – kann einige Jahre anhalten. Danach hat man zwei Menschen, die zusammenleben, und erst von da an befindet man sich wirklich in der Lernzone. Deshalb können Beziehungen unser spirituelles Wachstum so wirksam fördern. Wenn die Beziehung fortgesetzt werden soll, ist es unvermeidlich, dass wir uns selbst mehr fordern und zutrauen. Und genau dann erlangen wir mehr Tiefe.

Die Vorstellung, dass das Glück wie ein Tautropfen dahinschwindet, mag deprimierend klingen, doch Thogme Sangpos eigentliche Absicht ist hier, uns auf die Freiheit zu verweisen. An etwas festzuhalten, das sich ständig ändert, ist eine Komfortzonen-Taktik. Es ist das, was uns im *Samsara* hält. Samsara ist ein Sanskritwort, das sich auf den Teufelskreis bezieht, in dem wir alle gefangen sind, weil wir uns ständig gegen die Realität sträuben. Der einzige Weg, uns aus dem Samsara zu befreien, ist, dazu zu erwachen, dass alles offen ist. Dazu müssen wir uns in die Lernzone vorwagen, wo wir auf grundlegende Bodenlosigkeit treffen. Trungpa Rinpoche setzt diesen Zustand mit dem weiten Raum unseres grundlegenden Gutseins gleich. Es ist die frische Luft unserer tiefsten geistigen Gesundheit. Weil dieser Raum uns jedoch nicht viel gibt, an dem wir uns festhalten können, empfinden wir ihn für gewöhnlich als Furcht einflößend. Dann tendieren wir dazu, um es mit Trungpa Rinpoche poetisch zu beschreiben, uns »in Höhlen und Dschungeln zu verstecken«. Das heißt, wir werden sehr selbstbezogen. Wir »entfachen ein großes Feuer des Hasses«, »wühlen den Fluss der Lust auf« und »suhlen uns im Schlamm der Trägheit«. Aggression, Gier bzw. Leidenschaft und Unwissenheit – die sogenannten drei Gifte – ergeben sich daraus, dass wir nicht mit unserem grundlegenden Gutsein in Verbindung treten, weil wir den bodenlosen Zustand fürchten.

Tonglen ist eine der effektivsten Praktiken, um unsere Einstellung zum Thema Komfortzone zu ändern. Statt der Gewohnheit nachzugeben, Unangenehmes zu meiden, atmen wir das ein, was wir tendenziell als unangenehm oder bedrohlich empfinden. Aber auch hier gilt wieder: Wir sollten dabei nicht so weit gehen, dass wir in die Panikzone eintreten. Statt in unsere schlimmsten Albträume zu springen, können wir auf einer weniger intensiven Ebene mit Unangenehmem arbeiten. Wir können etwas Kleines dazu nutzen, wie zum Beispiel Enttäuschung – etwas Unangenehmes, das normalerweise zwar eine Reaktion hervorruft, aber nichts Überwältigendes. Sie wollen etwas Besonderes kochen, merken aber dann, dass Ihnen eine wichtige Zutat fehlt, und inzwischen ist es zu spät, um sie noch zu kaufen. Sie hatten ein Picknick geplant, aber dann fing es an zu regnen. Oder Sie wollten Ihr Lieblingsprogramm streamen, aber Ihre Internetverbindung war unterbrochen. Nur dadurch, dass Sie sich in solchen Situationen für die Tonglen-Praxis entscheiden, statt zu verzagen oder Ihre Frustration auszuagieren, verlassen Sie Ihre Komfortzone. Sie freunden sich allmählich mit Ihrem Schmerz an und entwickeln Empathie für die menschliche Situation. Auch wenn Sie nur mit einem relativ geringfügigen Leiden arbeiten, bauen Sie dadurch die Kraft und die Fähigkeit auf, etwas Größeres zu bewältigen. Wenn Sie immer wieder so verfahren, werden Sie feststellen, dass Ihnen diese Kraft auch unter sehr widrigen Umständen zur Verfügung steht.

Zudem ist es wichtig, Ein- und Ausatmen in die Balance zu bringen. Matthieu Ricard, der bekannte buddhistische Mönch und Autor, wurde einmal auf Mitgefühl getestet, indem er an eine dieser großen Maschinen angeschlossen wurde, die alle Gehirnaktivitäten aufzeichnet. Er begann damit, dass er visualisierte, wie er Leidenden Strahlen heilenden Lichts schickte, doch dann wollten die Wissenschaftler, dass er sich stattdessen darauf konzentrierte, das Leiden einzuatmen. Für diese Phase ließ er sich ganz davon durchdringen. Er hatte gerade ein Waisenhaus in Rumänien besucht, und es war für ihn sehr traurig gewesen zu sehen, wie die Kinder dort behandelt wurden. Außerdem war er vor einiger Zeit nach einem Erdbeben auch in Tibet gewesen. Er hatte also viel Material, das er immer wieder einatmete.

Aus dieser Erfahrung sagte er, er habe gelernt, dass ein Mensch nur eine bestimmte Menge an Leid auf sich nehmen kann. Er merkte, dass eine Balance herrschen muss zwischen dem Leiden, das man auf sich nimmt, einerseits und Liebe und Freundlichkeit, der Vollkommenheit des Lebens andererseits. Dieses Beispiel veranschaulicht, dass er sich der Panikzone näherte und merkte, dass man, wenn man Schmerz einatmet, auch Liebe aussenden muss. Es gibt ein Gespür dafür, sich sowohl mit Schönem als auch mit Tragischem verbinden zu wollen – mit der Freude und der Erhabenheit des Lebens und mit dem niedrigen, grausamen Teil des Lebens.

Angesichts der sehr kurzen Zeit, die uns auf Erden zur Verfügung steht, müssen wir uns fragen, wie wir sie verbringen wollen. Wollen wir weiterhin unsere neurotischen Gewohnheiten vermehren und stärken in dem vergeblichen Streben nach dauerhafter Bequemlichkeit und Vergnügen? Oder wollen wir es zu einer Übungspraxis machen, uns in die Lernzone zu begeben? Es ist fast schon beängstigend, wie schnell das Leben vergeht, besonders in meinem Alter. Auch wenn ich mich langsam voranbewege und gern viel Freiraum habe, ist da stets dieses Gefühl, mich beeilen zu müssen, um aufzuschließen. Am Ende eines jeden Tages stellt sich die Frage: Was habe ich getan? Habe ich den Tag damit zugebracht, mich noch stärker auf die Komfortzone auszurichten? Habe ich, wie Trungpa Rinpoche es gern nannte, im »Heimweh nach dem Samsara« geschwelgt und mich nach der Zeit zurückgesehnt, als ich noch dachte, mir fehle nur eine schöne Tasse Tee zum Glücklichsein? Oder habe ich mich in die Bodenlosigkeit hinausbegeben und wirklich Zuflucht zu den drei

Juwelen genommen? Bin ich lockerer und offener geworden, oder habe ich mich in meiner Rüstung verschanzt und versucht, den Status quo beizubehalten?

Der Status quo ist nicht sehr hilfreich, um spirituell zu wachsen und die kurze Spanne zwischen Geburt und Tod zu nutzen. Unser Menschenleben dagegen damit zu verbringen, die Fähigkeit zu erweitern, uns in unserer Haut und in der Welt wohlzufühlen, damit wir so viel wie möglich für andere da sein können – das ist ein lohnender Weg.

9

Aus unserer gemeinsamen Menschlichkeit heraus sprechen

Bodhisattva-Rede drückt aus, dass wir uns selbst und andere respektieren und nicht missachtend, aggressiv und polarisierend sind. Es ist die Sprache, die aus dem Herzen kommt und zum Herzen spricht.

Ich habe einen guten Freund, der seit etwa vierzig Jahren, schon seit seiner Teenagerzeit, im Gefängnis sitzt. In dieser Zeit hat er viel Weisheit und Einsicht darüber entwickelt, wie er gefährdeten Jugendlichen helfen kann. Vor Kurzem erzählte er mir, wie jemand, der ein Straßengang-Leben führt, sich aus Schwierigkeiten heraushalten kann. Angenommen, ein junger Mann möchte einen Freund nicht besuchen, weil er weiß, dass er dort oder auf dem Weg dorthin wahrscheinlich in eine gewalttätige Situation hineingezogen wird. Was soll er tun? Ich überlegte: Würde er nicht alle nur gegen sich aufbringen, wenn er gar nicht hinginge? Würde es seine Freunde nicht dazu verleiten, ihn zu verurteilen, und so zu einer weiteren Polarisierung führen?

Mein Freund erklärte: »Es kommt darauf an, wie man mit ihnen spricht. Wenn du sagst: ›Kommt nicht infrage! Ihr bringt mir nichts als Ärger!‹, dann, ja, wäre das ein Problem. Wenn du aber sagst: ›Ich komme nicht vorbei, weil meine Mutter betrunken ist und ich mich um sie kümmern muss‹, würde das jeder verstehen. Oder wenn du ihnen erklärst: ›Ich muss für eine Prüfung lernen, und mein Lehrer sagt, wenn ich gut abschneide, könnte ich in dieser Welt mal Erfolg haben‹, dann würden dich alle unterstützen.«

Tief im Inneren befürwortet es jeder, dass Menschen im Leben gut zurechtkommen. Das grundlegende Gutsein, das uns allen innewohnt, reagiert auf das grundlegende Gutsein anderer. Es müssen jedoch die richtigen Voraussetzungen gegeben sein, damit diese positive Tendenz zutage tritt. Wie wir kommunizieren, ist entscheidend. Wenn wir uns absondern und von unserer Neurose zur Neurose anderer sprechen, erzeugen wir weitere Spaltung. Wenn wir dagegen von einem Ort der gemeinsamen Menschlichkeit ausgehen, kann das, was wir sagen, heilsam sein.

Und genau das bedeutet für mich Bodhisattva-Rede. Sie drückt aus, dass wir uns selbst und andere respektieren und nicht missachtend, aggressiv und polarisierend sind. Es ist die Sprache, die von Herzen kommt und zum Herzen spricht.

Wie Trungpa Rinpoche erklärt hat, können wir Situationen kreieren, die Menschen ermutigen, sich mit ihrem eigenen grundlegenden Gutsein zu verbinden. Wir können lernen, so zu sprechen, dass es uns und andere Menschen der geistigen Klarheit der grundlegenden Natur näherbringt. Das ist eine der wichtigsten Fähigkeiten, die ein Bodhisattva entwickeln sollte.

Vor vielen Jahren habe ich mit einer guten Freundin zusammengewohnt. Wir verstanden uns gut, doch dann kam in unserer Beziehung etwas Unangenehmes auf: Jeden Tag sprachen wir über andere. Und wir waren nur an denjenigen interessiert, die wir kritisieren konnten. Wir sagten hässliche Dinge (»So was tut der!« und »Hast du gesehen, was sie getan hat?«), gaben dabei aber vor, zu verstehen und zu helfen. Es war toxisch. Manchmal wachte ich morgens auf und nahm mir vor: »Heute höre ich nur zu, mache aber selbst nicht mit.« Doch es war unmöglich. Ist es nicht einfach zu schön, wenn jemand die Dinge so sieht wie man selbst und genau die Person kritisiert, die man selbst mit kritischen Augen betrachtet? Es ging lange so weiter. Doch dann – ich hatte es gar nicht geplant – sagte ich eines Tages einfach zu ihr: »Lass uns damit aufhören.« Natürlich hatte auch sie schon versucht, sich aus unserem unzuträglichen Tanz zu befreien. So konnten wir ihn sofort beenden.

In gewisser Weise hatte ich Glück, dass meine Freundin nicht beleidigt war, als ich mit meinem Gedanken herausplatzte. Denn bis ich ihn aussprach, wusste ich nicht, ob wir uns in dieser Sache überhaupt einig waren. Aber letztendlich hat es funktioniert – wahrscheinlich deswegen, weil ich nicht aus einer Position sprach, als wüsste ich es besser als meine Freundin, und das hat sie verstanden.

Aus dem Herzen zu sprechen bringt uns näher zusammen. Es entspringt der Einsicht, dass unser wahrer Zustand wechselseitige Verbundenheit ist. Unsere Sprache deckt diese Verbundenheit auf, statt das Missverständnis zu verstärken, dass wir getrennt sind. Wenn wir dagegen auf jemanden herabblicken und ihn oder sie grundsätzlich als problematisch oder bedrohlich betrachten, spiegelt sich die Polarisierung in unserem Geist auch in unserer Sprache wider.

Manchmal haben wir zwar die besten Absichten, positive Veränderungen herbeizuführen, sind jedoch zu sehr in unserer Ego-Anhaftung gefangen, um sie in die Tat umzusetzen. Unsere automatischen Reaktionen werden zu stark getriggert, als dass wir ein gutes Urteilsvermögen haben könnten. In solchen Fällen sprechen und handeln wir mit größerer Wahrscheinlichkeit so, dass es spaltend und nicht einend wirkt. Das klassische lächerliche Beispiel sind Antikriegsdemonstranten, die am Ende mit ihren »Frieden«-Schildern diejenigen verprügeln, die nicht ihrer Meinung sind. Unsere natürliche Intelligenz weiß, was zur Verbesserung oder zur Verschlechterung einer Situation beiträgt, was sie abkühlt oder aufheizt. Wenn wir jedoch Wut oder Ärger empfinden oder uns bedroht fühlen, ist sie getrübt. Im aufgewühlten Zustand kommt uns unser Klarblick abhanden. Dann haben wir diese Einstellung: »Ich bin ja so besonnen, so vernünftig und ausgeglichen. Im Gegensatz zu *denen.*« Kaum überraschend sind gerade das tendenziell die Momente, in denen unser Drang zu reden am stärksten ist.

Wir alle stören uns an bestimmten Dingen. So können Sie es vielleicht nicht ertragen, wenn jemand beim Essen laut schmatzt. Dann meinen Sie möglicherweise, der einzige Weg, Ihr wahres Selbst auszudrücken, sei der zu sagen: »Das klingt ekelhaft!« Eine solche Redeweise entspringt aber nicht dem Herzen. Wenn wir aus einer emotionalen Reaktion heraus sprechen, ist das Gefühl gemeinsamer Menschlichkeit nicht gegeben.

Das bedeutet nicht, dass wir uns störende äußere Umstände nicht ansprechen sollen. So müssen beispielsweise Eltern ihre Kinder in ihrem Verhalten anleiten. Und es gibt viel zu viele Ungerechtigkeiten auf der Welt. Aber wenn wir so sprechen wollen, dass es tatsächlich hilfreich ist, müssen wir zuerst an unseren eigenen Reaktionstendenzen arbeiten und herausfinden, wann sie ausgelöst werden. Wenn wir dann aktiv für etwas eintreten wollen, sind wir effektiver, weil wir uns mit klarem Kopf in eine Situation hineinbegeben, nicht blind vor Wut oder von anderen Emotionen in die Irre geführt. Wenn Schmatzen bei Ihnen zwar keine heftigen Gefühle hervorruft, Sie aber trotzdem denken, es sei im Interesse aller, dass die Person damit aufhört, können Sie etwas sagen – dann werden Ihre Worte mit größerer Wahrscheinlichkeit gut aufgenommen.

Der Dharma bringt uns immer wieder zu uns selbst zurück. Bevor wir mit dem, was wir sagen, andere heilen können, müssen wir erst unseren eigenen Geist und seine Tendenzen in den Griff bekommen. Deshalb sehnen sich Bodhisattvas danach, Erleuchtung zu erlangen, vollständig zu erwachen, damit sie anderen den größten Nutzen bringen können. Wir alle wollen, dass der Austausch mit uns hilfreich ist, doch wenn wir uns hinsetzen und nach innen schauen, stellen wir vielleicht fest, dass wir ein Spiegelbild der Menschen sind, denen wir helfen wollen. Dann sagen wir: »Du meine Güte! Wie sehr wir uns doch ähneln! Vielleicht sind diese Leute gar nicht so viel neurotischer als ich!«

Hier ein Beispiel für eine kluge, ehrliche Selbstreflexion. Eine junge jüdische Frau aus meinem Bekanntenkreis verbrachte einen Sommer in Israel. Sie fand sich in einem konfliktgeladenen Umfeld wieder, insbesondere was politische Ansichten betraf. Viele Menschen, denen sie begegnete, waren felsenfest davon überzeugt, im Recht zu sein. Sie wollte zwar einen positiven Einfluss haben, fürchtete aber, dass sie mit ihren Äußerungen mehr schaden als nutzen könnte. Paradoxerweise konzentrierte sich ihre Arbeit darauf, Menschen zu befähigen, ihre Stimme zu finden, doch ihre eigene konnte sie in dieser Situation nicht entdecken. Da wandte sie sich nach innen, betrachtete ihren Geist und fand heraus, wo es hakte: Sie urteilte zu sehr über andere. Sie sah zwar mühelos die Härte im Herzen anderer, erkannte aber, dass ihre eigenen Worte wirkungslos bleiben würden, solange es ihr nicht gelang, ihr eigenes Herz zu erweichen.

Es kann schmerzvoll sein, das, was wir in uns selbst vorfinden, anzunehmen und zu bewältigen. Doch wenn wir lernen können, mit dem rohen Schmerz dieser Selbstfindung zu sitzen – wenn wir mit diesem unangenehmen Gefühl dasitzen und es ertragen können –, dann kann schon allein das unser Herz erweichen. Es macht uns demütiger. Weil wir alle in Wirklichkeit sehr verletzlich sind, wenn wir ungeschickt – aus unseren automatischen Reaktionen heraus – zu anderen sprechen, geschieht es nur zu leicht, dass Wunden geöffnet werden. Wenn wir dagegen aus unserem verwundbaren guten Herzen heraus sprechen, ist das, was wir sagen, eher heilend als spaltend. Statt anderen das Gefühl zu vermitteln, sie seien schlecht, kann unsere Rede ihnen helfen, sich mit dem Besten in sich selbst zu verbinden.

Geschickte Kommunikation basiert auf Urteilsvermögen. Wir brauchen Urteilsvermögen, um zu erkennen, wann es angebracht ist zu sprechen und wann nicht; wann es Zeit ist, sehr bestimmt zu sagen, »Hör auf, das ist verletzend«, oder leise und sanft zu sprechen. Vor allem müssen wir uns selbst erkennen. Was triggert uns oder bringt uns dazu, dass wir »anbeißen«? Wie gelangen wir an den Punkt, an dem unser überbordendes Missbehagen Handlungen auslöst, die wir hinterher bereuen? Wie können wir unseren aufgeregten Geist beruhigen, statt noch Öl ins Feuer zu gießen?

Ich zitiere oft Shantideva, einen großen buddhistischen Weisen aus dem 8. Jahrhundert, dessen Schriften bis heute weithin gelehrt werden. Sein Ratschlag, uns vor einer Eskalation zu bewahren, lautet sinngemäß: Bleib wie ein Holzklotz.[3] Er listet viele provozierende Situationen auf und empfiehlt dann, dass wir in dem Moment, wenn sie aufkommen, nichts tun oder sagen sollen. Oftmals wird dieser Ratschlag als Unterdrückung oder Verdrängung interpretiert. Die Crux des Ganzen ist jedoch: Wenn wir innehalten und wie ein Holzklotz bleiben, unterbricht das die Dynamik unserer gewohnheitsmäßigen Reaktionen, die die Situation in der Regel noch verschlimmern. Statt zu reagieren, bleiben wir ruhig mit der bewegten, erhöhten Energie, die entstanden ist. Wir lassen zu, dass wir einfach erleben und wahrnehmen, was wir erleben und wahrnehmen. Das verlangsamt den Prozess, sodass sich ein kleiner Raum auftut. So haben wir Gelegenheit zu erkennen, welcher Prozess in unserem Inneren abläuft, und dann etwas anderes zu tun. Und wenn wir mit einer anderen Person interagieren, gibt es auch ihr die Möglichkeit, sich zu beruhigen und mit ihrem grundlegenden Gutsein zu verbinden.

Allerdings sind wir nicht automatisch in der Lage, aus dem Herzen heraus zu sprechen – es ist für gewöhnlich keine Fähigkeit, die wir von Natur aus haben. Wir müssen sie uns erarbeiten. Wir müssen unsere Fähigkeit, geschickt zu sprechen, immer wieder verfeinern, Jahr für Jahr, unser ganzes Leben lang. Dieser Prozess erfordert, dass wir durch Versuch und Irrtum lernen. Wir müssen viele Fehler machen und bereit sein, daraus zu lernen. Dzigar Kongtrul Rinpoche sagte mir einmal, um an Weisheit zu wachsen müsse ich »auf die harte Tour lernen«. Ich fasste es so auf, dass ich nur lernen konnte, geschickter zu sein, indem ich es *nicht* richtig machte.

Selbst wenn wir zuerst nach innen schauen und dafür sorgen, dass wir klar sehen – dass unsere Sichtweise nicht durch unsere emotionalen Reaktionen getrübt wird –, gibt es keine Garantie dafür, dass das, was wir sagen, funktioniert. Eine sanftere Haltung ist die, den gesamten Prozess als Experiment zu betrachten. Tun Sie Ihr Bestes, um von der gemeinsamen Menschlichkeit auszugehen, und experimentieren Sie dann, indem Sie etwas sagen. Auf diese Weise können Sie nach und nach lernen, was funktioniert und was nicht.

Doch was für Juan möglich ist, funktioniert vielleicht nicht mit Jasmin; oder was am Montag funktioniert, klappt vielleicht nicht am Mittwoch. Jede Situation ist einzigartig. Wie können wir es im Umgang mit anderen Leuten – mit anderen komplexen Menschen – jedes Mal richtig machen? Es gibt keine Sicherheit oder Gewissheit, von der wir ausgehen können. Alles, was wir wissen, ist, dass wir unser Bestes getan haben, um aus einem Herzen heraus zu sprechen, das freundlich und wach ist.

Auf einer bestimmten Stufe des Bodhisattva-Weges erkennt man die wahre Natur der Wirklichkeit vollständig: die weit offene, bodenlose, nicht bedingte Dimension unseres Seins. Und hat man diese Erkenntnis erst einmal gewonnen, verliert man sie nicht mehr – es gibt dann kein Zurück mehr. Diese Stufe des Verstehens wird als erste *bhumi* oder Bodhisattva-Stufe bezeichnet. Das Interessante daran ist jedoch, dass es nach dieser Erkenntnis noch neun weitere Bhumis gibt, bevor man die endgültige Erleuchtung, die Buddhaschaft, erlangt.

Als ich das erste Mal davon hörte, konnte ich es kaum glauben: »Noch neun?!« Dann hörte ich Dzigar Kongtrul Rinpoche über dieses Thema lehren. Ihm zufolge geht es bei den anderen Bhumis darum zu lernen, wie man kommuniziert. Es sind immer tiefere Stufen des Lernens, wie man heilt: wie man nicht polarisiert, sondern stattdessen anderen hilft, zu ihrem Geist des offenen Gewahrseins, ihrem grundlegenden Gutsein zurückzukehren. Zu lernen, aus dem Herzen heraus zu sprechen ist ein langer Weg, aber einer, den zu gehen sich lohnt, denn er bringt uns an einen Ort, an dem wir gegenseitig wirklich das Beste in uns allen zutage fördern können.

10

So, wie man es benennt, erscheint es

Unterschätzen Sie niemals die Kraft des Geistes. Wie wir an etwas arbeiten, kann das, was zu sein scheint, wirklich verändern. Die innere Arbeit kann das Außen transformieren – wenn auch nicht auf eine lineare Art und Weise, die sich genau bestimmen ließe.

Als ich Leiterin von Gampo Abbey wurde, dem von Trungpa Rinpoche gegründeten Kloster in Nova Scotia, machte ich alle verrückt. Ich war unter anderem deswegen anfangs eine so schlechte Leiterin, weil ich wollte, dass alles nach meinem Geschmack ästhetisch ansprechend war. Vor allem sollte alles sauber sein. Ich erinnere mich noch, dass einer der Mönche zu mir sagte: »Du interessierst dich ja nur für Sauberkeit. Was ist denn mit der spirituellen Realisation der Menschen?«

Die Küche war besonders schlimm. Aber egal, wie sehr ich immer wieder darauf hinwies, neue Produkte kaufte, das Personal wechselte und den Leuten selbst zeigte, wie man sauber macht – nichts änderte sich. Ich ging sogar mitten in der Nacht nach unten, um die Schubladen aufzuräumen. (Ich wollte nicht, dass die anderen das volle Ausmaß meiner Pingeligkeit mitbekamen, aber einmal erwischte mich trotzdem jemand um zwei Uhr morgens, was mir sehr peinlich war.) Zwei Tage später öffnete ich dann eine Schublade, und es sah darin genauso schlimm aus wie vorher.

Schließlich, nach langer Quälerei, erinnerte ich mich an eine der Lehren, mit der ich mich befasst hatte. Der große Yogi Longchenpa aus dem 14. Jahrhundert stellte fest, dass die Dinge so zu sein scheinen, wie wir sie benennen. Ich beschloss, mit dieser Lehre zu experimentieren und zu sehen, wie sie sich auf meine Sauberkeitsbesessenheit auswirkte. Also sagte ich mir: »Es kümmert mich nicht, ob der ganze Ort ein Chaos ist. Ich arbeite jetzt an meinem Drang, Dinge als negativ zu bezeichnen, wie zum Beispiel als ›schmutzig‹ und ›unordentlich‹. Ich achte mehr darauf, wie ich meine eigene Version der Realität auf die Welt projiziere. Das interessiert mich jetzt mehr, als dass alles so ist, wie ich es gern hätte.« Es war hart. Ich musste mir praktisch den Mund zukleben und die Hände fesseln, um nichts zu sagen oder zu tun.

Da ich nur einen Teil des Jahres in Gampo Abbey verbrachte, hatte ich jedes Mal bei meiner Rückkehr die Möglichkeit, alles mit neuen Augen zu sehen. Und im Lauf der Jahre dachte ich allmählich: »Es kann nicht wahr sein, aber die Küche ist sehr sauber und ordentlich. Ich brauche nichts mit den Schubladen anzustellen.« Statt dass ich mich in meinem ganzen Wesen verspannte und verknotete, war ich entspannt und glücklich. Es war ein Wunder.

Ich weiß, manche sagen jetzt, ich hätte nur meine Maßstäbe gesenkt. Ehrlich gesagt kann ich nicht mit Sicherheit angeben, zu welchem Anteil die Küche tatsächlich sauberer geworden ist und zu welchem Anteil der Schmutz mich weniger störte. Aber in gewisser Weise spielt es keine Rolle. Es ging mir viel besser, wodurch alle anderen ebenfalls weniger angespannt waren und die Atmosphäre insgesamt besser wurde.

Zu erkennen, dass die Dinge uns so erscheinen, wie wir sie benennen, bedeutet nicht, dass wir nicht mehr an den äußeren Umständen arbeiten. Oftmals muss die äußere Situation konkret und verlässlich verändert werden. Andernfalls hätte es nie eine Bürgerrechtsbewegung oder andere Aktionen heldenhafter Bodhisattvas gegeben, die inspiriert waren, auf der äußeren Ebene zu helfen. Wenn wir jedoch nicht an unserem eigenen Verstand und unseren eigenen Auffassungen arbeiten, wird keine politische oder wirtschaftliche Revolution jemals wirklich die tiefen Gewohnheiten ändern, die uns in unseren eigenen emotionalen Kämpfen gefangen halten, die wiederum die meisten unserer Auseinandersetzungen mit anderen verursachen. Wenn wir unsere Projektionen nicht bemerken und nicht daran arbeiten, können wir weder unser eigenes Leid noch das der anderen lindern. Auch sind wir dann nicht in der Lage, das zu erfüllen, was wir uns wünschen und vorgenommen haben: zum Wohl aller Lebewesen zu erwachen.

Einige Verse aus Thogme Sangpos Werk *37 Übungen eines Bodhisattvas* thematisieren, wie man schwierige Umstände in seinem Leben dadurch bewältigt, dass man sie anders benennt. Er schreibt über Situationen, die sich normalerweise wie unsere schlimmsten Albträume anfühlen würden, zum Beispiel, wenn man ausgeraubt oder ungerecht angeschrien wird oder wenn sich ein geliebter Mensch, wie der eigene Sohn oder die eigene Tochter, gegen einen wendet. In Bezug auf all diese Beispiele gibt er Ratschläge, wie man das leidvolle Ereignis in eine Gelegenheit zu spirituellem Erwachen verwandeln kann.

So heißt es zum Beispiel in Vers 15: »Wenn jemand schlecht über einen redet und vor einer öffentlichen Versammlung unsere Fehler offenlegt, so ist es die Praxis des Bodhisattvas, sich vor ihm zu verbeugen und ihn als spirituellen Lehrer zu sehen.«[4] Wenn jemand uns so unfreundlich behandelt, ist unsere natürliche Reaktion, ihn als Feind zu betrachten und mit einer Vielzahl negativer »Etiketten« zu belegen. Doch für einen Bodhisattva kann dieser Mensch, der ihn demütigt und anprangert, ein großartiger Lehrer sein.

Wie kann jemand, der dich quält, dein Lehrer sein? Um zu erwachen, müssen wir lernen, nicht mehr gegen die Realität anzukämpfen, anders ausgedrückt: Wir müssen unser Ego überwinden, also »das, was sich gegen das sträubt, was ist«. Angenommen, Sie haben einen großen Eiterpickel auf der Nase. Sie haben einen Weg gefunden, ihn nicht wirklich wahrzunehmen, wenn Sie in den Spiegel schauen, und wenn Sie das Haus verlassen, decken Sie die kleine Beule mit Make-up ab. Sie können einfach nicht der Tatsache ins Auge blicken, dass Sie dieses scheußliche Ding im Gesicht haben. Dann marschiert ein vierjähriges Kind auf Sie zu und sagt mitten in einer Menschenansammlung: »Da ist ja so ein großes Ding auf deiner Nase!« Dieses Kind ermöglicht Ihnen einen hautnahen, persönlichen Blick auf Ihr Ego. Es zeigt Ihnen, wo Sie sich gegen die Realität sträuben, wo Sie angespannt sind und lockerer werden sollten. So gesehen könnte man sagen, dass das Kind Ihr Lehrer ist.

Macig Labdrön, eine große tibetische Praktizierende, die im 11. und 12. Jahrhundert lebte, hatte eine Liste radikaler Vorschläge, wie man sich von der Ego-Anhaftung lösen kann. Der erste ist: »Leg deine verborgenen Fehler offen.« Statt unsere Fehler zu verstecken und in die Defensive zu gehen, wenn sie enthüllt werden, sollen wir, so ihr Rat, offen damit umgehen.

Wenn Sie sich richtig im Spiegel angesehen haben, nicht mehr bei dem Anblick zusammenzucken und den Pickel so akzeptieren, wie er ist, dann brauchen Sie niemanden mehr, der Ihre versteckten Fehler offenlegt. Sie können dem Kind antworten: »Stimmt! Gut beobachtet!« Doch diese Antwort ist nur für diejenigen realistisch, die in ihrer Praxis, Unwillkommenes willkommen zu heißen, schon weit fortgeschritten sind. Und solange wir dieses Stadium noch nicht erreicht haben, brauchen wir andere, die auf unsere verschiedenen »Pickel« hinweisen, um uns besser damit abfinden zu können, dass wir sie haben. Es braucht keine große Demütigung vor einer Menge zu sein. Oft genug deckt jemand unabsichtlich durch eine bestimmte Äußerung etwas auf, für das wir uns schämen. Wenn Sie dann mit der Haltung an die Sache herangehen, dass Sie durch alles, was Ihnen widerfährt, wachsen wollen, sind Sie imstande, die Bezeichnung »Lehrer« zu verwenden und nicht »unsensibler Grobian« oder »freche Göre«. Wenn innere Transformation Ihr Ziel ist, warum dann nicht alles, was zu Ihrem Wachstum beiträgt – so unangenehm es auch zunächst erscheint –, als Lehrer betrachten? Warum nicht unsere »Feinde« als »spirituelle Freunde« betrachten?

Unnötig zu sagen, dass das gar nicht so einfach ist. Es ist eher ein Idealverhalten, vergleichbar mit der Vorgabe des Neuen Testaments, die andere Wange hinzuhalten. Es ist etwas, was wir irgendwann einmal zu erreichen hoffen, indem wir über einen langen Zeitraum hinweg mit unserem Geist und seinen Gewohnheiten arbeiten. Es genügt nicht, einfach einen inspirierenden Rat zu hören, um schon im nächsten Moment nicht mehr den Wunsch zu haben, den Angreifer zurückzuschlagen, und ihm stattdessen die andere Wange hinzuhalten. Wir müssen daran arbeiten und dabei von unserem persönlichen Stand ausgehend eine allmähliche Transformation möglich machen. Doch wie weit auch immer wir diese Einstellung in die Tat umsetzen können, wir haben dadurch weitaus mehr Kraft im Umgang mit Situationen, die uns normalerweise in tiefe Verzweiflung stürzen, und sind gelassener.

Unterschätzen Sie niemals die Kraft des Geistes. Wie man an etwas arbeitet, kann das, was zu sein scheint, wirklich verändern. Die innere Arbeit kann das Außen transformieren – wenn auch nicht auf eine lineare Art und Weise, die sich genau bestimmen ließe. Wenn Sie zum Beispiel an Ihrer Aggressivität arbeiten, wirken alle Menschen freundlicher. Früher fühlte ich mich ständig angegriffen, aber jetzt empfinde ich die Leute als sehr nett. Ist das so, weil ich weniger Aggressionen habe oder weil sie wirklich netter sind? Diese Frage werden wir wohl nie endgültig beantworten können. Dennoch wird immer deutlicher, dass unsere innere Arbeit einen tiefen Einfluss darauf hat, wie wir die äußere Welt wahrnehmen. Deshalb sollten wir darauf achten, wie wir die Dinge benennen.

Als sich das Leben meiner Mutter dem Ende zuneigte, hatte ich ein sehr unvorteilhaftes Bild von ihr entwickelt. Ich belegte diese Frau – die mir eine wirklich gute Mutter gewesen war – mit Worten wie »Hypochondrie« und »Selbstmitleid«. Das war zum Teil eine Reaktion auf Schwierigkeiten, die wir miteinander gehabt hatten, als ich einen unkonventionelleren Lebensweg einschlug. Dann traf ich irgendwann eine alte Freundin von ihr, der ich vorher noch nie begegnet war. Wir verstanden uns auf Anhieb, also gingen wir spazieren und unterhielten uns viel. Sie sah meine Mutter als lustig, frech, erfinderisch, kreativ – als einen ganz anderen Menschen. Ich dachte: »Mom?« Und da wurde mir klar, dass sie mir so erschien, wie ich sie benannt hatte. Ich war lediglich auf ein oder zwei Facetten von ihr fixiert und begegnete dann dieser Freundin, die eine völlig andere Sicht hatte. Interessant war auch, dass diese Freundin viel Schlechtes über mich gehört hatte und überrascht war, dass sie mich wirklich mochte. Wir waren beide überrascht und hatten beide nun die Chance, uns von unseren engen Benennungen zu lösen.

Trungpa Rinpoche benutzte den Ausdruck »willkürliches Benennen«, damit wir erkennen, wie willkürlich wir oft über Dinge sprechen und denken. Wenn Sie Englisch sprechen, verwenden Sie das Wort *chair* für den Gegenstand, auf dem Sie sitzen. Auf Deutsch heißt er »Stuhl«, auf Rumänisch *scaun*, in der Zulu-Sprache *ishihlalo*. Es ist zunächst einfach ein neutrales Objekt, und dann benennen wir es. Natürlich brauchen wir Sprache, damit wir zusammenleben und über Dinge reden können. Es ist ein unschuldiger Teil menschlichen Verhaltens. Doch dann kommt es zu diesem merkwürdigen Phänomen, dass der Gegenstand oder das Gefühl oder die Person, die wir benennen, in unserem Geist tatsächlich zu dieser Benennung wird. Wir glauben an unsere willkürliche Bezeichnung.

Wenn wir uns zu sehr auf unsere Benennung fixieren, vergessen wir, dass die Natur der Dinge offen, fließend und veränderbar ist. Als ich die Küche »schmutzig« nannte – eine Benennung, die für mich emotional sehr stark aufgeladen war –, setzte es sich so in meinem Kopf fest und färbte meine Sicht der Küche. Aber wenn wir uns daran erinnern, dass Benennungen nur Benennungen sind, können wir sie zu unserem Vorteil nutzen. Wir können die fließende, für Interpretationen offene Natur der Dinge nutzen, um an unseren Gewohnheiten zu arbeiten.

Die Tonglen-Praxis ist eine weitere Möglichkeit, mit unseren Benennungen zu arbeiten. Wenn wir etwas als leidvoll empfinden oder bestimmte Neigungen an uns bemerken, die uns in ein unvorteilhaftes Licht rücken, tun wir alles nur Erdenkliche, um diesen Gefühlen auszuweichen. Vielleicht bezeichnen wir sie nicht bewusst als »schlecht«, aber so fühlen sie sich für uns an. Mit Tonglen lassen wir uns ganz bewusst tief auf das ein, was wir vermeiden wollen, und kehren die Benennungen allmählich um. Natürlich wird das, was »schlecht« ist, nicht plötzlich »gut«, ebenso wenig wie umgekehrt. Aber wir entdecken, dass wir uns selbst und anderen gegenüber mehr Herzenswärme entwickeln, wenn wir uns nach und nach für Schwieriges und Leidvolles öffnen.

Was früher »schlecht« war, wird in Bodhichitta umgewandelt. Es wird zur Sehnsucht zu erwachen, sodass wir uns selbst und anderen kein Leid mehr zufügen, sondern stattdessen anderen helfen können, ihr volles Potenzial an Freude und grundlegendem Gutsein zu entfalten. Das ungute Gefühl mag noch eine Weile anhalten, ist aber nicht mehr fest in der Kategorie »schlecht« verankert. Wir haben vielleicht immer noch den starken Wunsch, bestimmte Dinge oder Situationen abzulehnen, aber solange wir uns selbst immer wieder der Herausforderung stellen, das Unwillkommene einzuatmen, wird diese Praxis unser Herz immer weiter öffnen.

Je mehr wir mit Benennungen experimentieren, desto einfacher wird es, sie zu durchschauen und zu unserem Vorteil zu nutzen. Wir werden weiterhin Benennungen verwenden, um zu denken und zu kommunizieren – aber positiver und ohne sie für so gravierend zu halten. Trungpa Rinpoche hat einmal erzählt, wie er mit Dilgo Khyentse

Rinpoche, einem seiner wichtigsten Lehrer, im Garten zusammensaß. Sie genossen es einfach, gemeinsam Zeit in der schönen Umgebung zu verbringen, sagten kaum etwas und freuten sich, zusammen dort zu sein. Dann wies Khyentse Rinpoche mit dem Finger nach vorn und sagte: »Sie nennen das ›Baum‹« – und beide brüllten vor Lachen. Das veranschaulicht aus meiner Sicht wunderbar, welche Freiheit und Freude uns erwarten, wenn wir uns nicht länger von unseren Benennungen täuschen lassen. Die beiden erleuchteten Lehrer hielten es für höchst komisch, dieses komplexe, veränderliche Phänomen mit all den Blättern, der Rinde und dem Duft nur als »Baum« zu betrachten. Und in dem Maße, wie unsere Benennungen uns immer weniger im Griff haben, werden auch wir die Welt so erleben. Leichter, magischer.

11

Die Praxis des offenen Gewahrseins

Offenes Gewahrsein zu praktizieren ist ein allmählicher Prozess, bei dem wir immer wieder darauf zurückkommen zu sehen, was wir sehen; zu riechen, was wir riechen; zu fühlen, was wir fühlen.
Was auch immer geschieht, die Methode ist stets, Zusätzliches loszulassen und einfach zu dem zurückzukehren, was hier ist.

Es gibt eine faszinierende Strophe aus Thogme Sangpos *37 Übungen eines Bodhisattvas*, die ich von Zeit zu Zeit gern betrachte. Ich finde sie sehr hilfreich, weil sie die Dynamik meiner normalen Sicht und Interpretation der Welt unterbricht.

Sie lautet folgendermaßen: »Alle Erscheinungen sind der eigene Geist. Der Geist selbst ist seit anfangsloser Zeit jenseits von begrifflichen Begrenzungen. Dies zu wissen und nicht in Konzepten wie Subjekt und Objekt zu denken ist Praxis des Bodhisattvas.«[5]

Nun, das mag sehr philosophisch klingen, aber es steht in direktem Zusammenhang mit dem, worüber wir gesprochen haben, als es darum ging, unsere Benennungen überwinden zu wollen. Wenn Ihnen nicht ganz klar ist, was hier ausgesagt wird, ist das gut. Damit fahren Sie wahrscheinlich besser als mit der Ansicht, Sie wüssten es. Thogme Sangpo versucht, uns über unsere üblichen Denkprozesse hinauszuführen. Er weist auf etwas hin, das man nicht wirklich beschreiben oder in Worte fassen kann. Es ist also besser, sich diesen Zeilen mit einem offenen Geist zuzuwenden als mit vielen vorgefassten Vorstellungen. Wie der Zen-Lehrer Suzuki Roshi in seinem berühmten Ausspruch feststellt: Des Anfängers Geist hat viele Möglichkeiten, der des Experten nur wenige.«[6]

Die erste Zeile der Strophe bezieht sich auf unsere Neigung, unsere Benennung der Dinge mit dem zu verwechseln, wie sie wirklich sind. *Sem*, das tibetische Wort, das hier mit »Geist« übersetzt wird, bezieht sich auf den konzeptuellen Geist – den Geist, der benennt, beurteilt, vergleicht, konkretisiert und verfestigt. Mit anderen Worten, diese Zeile besagt, dass wir nichts direkt erleben. Das ist natürlich eine provokante Aussage. Außer in bestimmten seltenen Momenten wird unsere Erfahrung demnach immer von etwas überlagert: von unseren Ansichten, unseren Meinungen, unserem geistigen und emotionalen Hin und Her. Wenn wir zum Beispiel beim Aufwachen Regen auf das Dach prasseln hören, dann bezeichnen wir das Geräusch vielleicht als »beruhigend«, »entspannend«, »behaglich«. Wir mögen den Klang und wollen, dass er anhält. Hätten wir jedoch ein Picknick oder ein Treffen im Freien geplant, würden wir das Geräusch als »schlechte Nachrichten«, »Bedrohung«, »Hindernis« benennen und wollen, dass es verschwindet. In beiden Fällen ist das Geräusch des Regens jedoch nur das Geräusch des Regens, frei von all diesen Überlagerungen.

Sem ist der Geist, der etwas sehr ernst nimmt und es stark verfestigt. Er ist das, was auf »ich« versus »du«, »wir« versus »sie«, »dies« versus »das« fixiert ist. All unsere emotionalen Reaktionen, all unsere Gewohnheiten und all unser Karma entspringen diesem Geist. Man könnte sagen, dass *sem* unsere ganze Welt erschafft. In Wirklichkeit ist das, was als unsere Erfahrung aufkommt, jedoch weder gut noch schlecht, weder richtig noch falsch. Doch wir verlieren viel Energie und leiden sehr viel, weil wir an all diese Konzepte glauben.

Die nächste Zeile lautet: »Der Geist selbst ist seit anfangsloser Zeit jenseits von begrifflichen Begrenzungen.« Mit »Geist selbst« spricht Thogme Sangpo über etwas Tiefergehendes als unseren benennenden, konkretisierenden Geist: Er spricht über den Geist des offenen Gewahrseins, frei von Fixierungen. Wenn wir uns mit dem »Geist selbst« verbinden, erleben wir die Natur der Dinge, wie sie wirklich sind, ohne Benennungen. Um miteinander zu kommunizieren, können wir immer noch Benennungen wie »Baum« verwenden, aber wir sollten sie nicht mit der fließenden, komplexen Realität darunter verwechseln.

Thogme Sangpo fährt fort: »Dies zu wissen und nicht in Konzepten wie Subjekt und Objekt zu denken ist Praxis des Bodhisattvas.« Was sind »Subjekt-Objekt-Konzepte«? Wenn man Schokoladeneis probiert, nimmt man wahr, dass ein »Ich« etwas schmeckt. Das Subjekt (ich) und das Objekt (Eis) sind dementsprechend zwei verschiedene Dinge. Aber diese Trennung existiert bei der direkten Erfahrung des Eisschmeckens nicht. Bei der direkten Erfahrung gibt es kein »ich« oder »es«. Es gibt nur Geschmack. Die Trennung in Subjekt und Objekt ist eine subtile Form des Benennens, eine weitere Wirkungsweise des *sem*.

Der letzte Teil des Verses lautet: »Das ist die Praxis des Bodhisattvas.« Über geistige Fixierung hinauszugehen und uns mit unserer wahren Natur zu verbinden – oder, in der hier verwendeten Ausdrucksweise, über *sem* hinauszugehen und sich mit dem »Geist selbst« zu verbinden –, das ist etwas, was wir praktizieren können. Diesen Zustand des offenen Gewahrseins kennenzulernen ist eine der wichtigsten Praktiken auf dem Bodhisattva-Weg, denn Polarisierung wird durch unsere Konzepte und Fixierungen bewirkt, die verhindern, dass wir ganz für andere da sind. Wenn wir unseren Geist in offenes Gewahrsein hineinentspannen, werden wir eins mit unserem grundlegenden Gutsein.

Es gibt viele Möglichkeiten, offenes Gewahrsein zu praktizieren, aber im Wesentlichen geht es bei allen darum, dass wir uns unserem Leben stellen – offene Sinne, offener Geist, offenes Herz – und uns darum bemühen, möglichst frei von konzeptuellen Einschränkungen zu bleiben. Anders ausgedrückt: Bemühen Sie sich nach Möglichkeit, frei von Benennungen – »gut« und »schlecht«, »selbst« und »andere« und so weiter – zu sein. Bleiben Sie so weit wie möglich in diesem Zustand, so, wie Sie ihn derzeit verstehen.

Sie können diese Praxis mit der Haltung angehen, »mitten im Geschehen zu sitzen«. Angenommen, Sie beginnen eine einstündige Gruppenmeditationssitzung, und schon am Anfang kommt starke Wut auf jemanden in Ihnen auf. Sofort wird es zu einem großen Thema mit einer Handlung, voller Benennungen und Subjekt-Objekt-Fixierungen. Da Sie auf Ihrem Meditationskissen bleiben wollen, können Sie nichts weiter tun, als mitten in diesem Ärger zu sitzen und Ihre Konzepte und Benennungen so weit wie möglich loszulassen. Jedes Mal, wenn solche wütenden Gedanken aufkommen, unterbrechen Sie einfach ihre Schwungkraft, ohne sie zu unterdrücken, und kehren zu offenem Gewahrsein zurück. Gleichzeitig können Sie Ihrem großen, aufgeheizten Problem viel Raum geben, damit das »mitten im Geschehen Sitzen« nicht zu einem Gefühl des Eingesperrtseins wird. Sie können diesen Raum im ganzen Körper spüren, vom Scheitel bis zur Sohle. Oder Sie können ihm noch mehr Raum zugestehen: so groß wie das Zimmer oder sogar wie der weite Raum draußen.

Nachdem Sie eine Weile so gesessen haben, fragen Sie sich vielleicht plötzlich: »Wo ist es hin?« Doch als Nächstes erkennen Sie, dass Sie darüber nachdenken, wie Sie kritisiert worden sind, und sich erneut aufregen. Wieder sitzen Sie »mittendrin« und lassen die Benennung mit demselben

Gefühl des Raumgebens los. Irgendwann fragen Sie sich wieder: »Wo ist *das* jetzt wieder geblieben?« Während Sie diesen Zyklus immer weiter durchlaufen, erkennen Sie allmählich, dass Ihr Leben mit Dramen gefüllt ist, die scheinbar das Zentrum Ihrer Welt sind.

Doch wenn Sie weiterhin mitten in alldem sitzen, empfinden Sie es als etwas Fließendes. Es ist nicht mehr so festgefügt. Alles ist vergänglich, und das ist eine sehr gute Nachricht.

Dieser Ansatz ähnelt der Praxis »So, wie es ist«. Doch offenes Gewahrsein impliziert eine zusätzliche Ebene der Einsicht, die sich im Lauf der Zeit immer weiter entfaltet. Während wir üben, bewusst wahrzunehmen, dass wir die Dinge ständig benennen, sehen wir, wie sehr wir unsere eigene Realität erschaffen. Diese Einsicht habe ich schon sehr oft als erstaunlich empfunden.

Dieser Kreationsprozess beginnt auf einer sehr elementaren Ebene. Wir alle haben eine tiefe Neigung, die Dinge automatisch – und oft unbewusst – als angenehm, unangenehm oder neutral zu bezeichnen. Wir mögen etwas, wir mögen es nicht, oder es ist uns auf die eine oder andere Weise egal. »Angenehm« kann jedoch leicht eskalieren und zu Gier, selbstschädigender Sucht und allen möglichen äußeren Erscheinungsformen wie Tierausbeutung und Sexhandel werden. »Unangenehm« kann tief verwurzelte Vorurteile, Hass und Gewalt nach sich ziehen. Und »neutral« kann sich leicht in Gleichgültigkeit verwandeln, sodass wir nicht im Kontakt mit unseren Gefühlen sind, andere ignorieren oder Menschen in Not nicht helfen. All diese einfachen Benennungen können sich auf individueller und globaler Ebene manifestieren und eskalieren.

»Mittendrin« zu sitzen und zu üben, ein offenes Gewahrsein zu haben, ist ein Gegenmittel gegen all diese verschiedenen Arten der Eskalation. Weil wir so viele karmische Samen in unserem Unterbewusstsein tragen, kommen ständig beunruhigende Gedanken und Gefühle aller Art auf. Doch jedes Mal, wenn wir mit ihnen sitzen und ihnen so viel Raum geben, wie sie brauchen, verbrennen wir diese karmischen Samen, ohne neue zu kreieren. Wann immer Ihnen das nächste Drama in den Sinn kommt – sei es eine leidvolle Kindheitserinnerung oder überwältigender Zorn auf den Chef –, wenn Sie mitten im Chaos sitzen und offenes Gewahrsein praktizieren, verändern Sie Ihre Gewohnheitsmuster. Sie haben vielleicht das Gefühl, dass sich nichts ändert, aber es vollzieht sich ein Prozess, vergleichbar mit einem langsamen Schmoren. Es ist nicht unbedingt offensichtlich, aber Ihre Praxis verbrennt diese karmischen Samen, langsam, aber sicher.

Hin und wieder wird Ihnen vielleicht eine umfassendere Einsicht in die Tiefe des offenen Gewahrseins zuteil. Das kann sehr erhebend, sogar überwältigend sein. In diesem Stadium ist diese Erfahrung jedoch nur ein flüchtiger Eindruck. Wenn Sie versuchen, ihn festzuhalten oder zurückzuholen, nachdem er sich wieder verflüchtigt hat, dann gehen Sie dem Angenehmen nach, statt einfach so mit den Dingen zu sein, wie sie sind. Sie sind dann wieder im Bereich von *sem*, dem begrenzten, konzeptuellen Geist.

Offenes Gewahrsein zu praktizieren, ist ein allmählicher Prozess, bei dem wir immer wieder darauf zurückkommen, zu sehen, was wir sehen; zu riechen, was wir riechen; zu fühlen, was wir fühlen. Was auch immer geschieht, die Methode ist stets, Zusätzliches loszulassen und einfach zu dem zurückzukehren, was hier ist. Der morgendliche Regen ist weder gut noch schlecht, weder beruhigend noch bedrohlich. Es ist noch nicht einmal »Regen«. Es ist einfach das, was es ist. Alles ist einfach das, was es ist, schön und doch letztendlich nicht beschreibbar. Wenn wir diese Praxis beibehalten und immer wieder üben, Jahr für Jahr, in der formalen Meditation und im Alltag, dann werden wir die unerschütterliche Überzeugung entwickeln, dass diese Daseinsweise, ohne Konzepte, in vollkommener Harmonie damit ist, wie die Dinge wirklich sind. Das vermittelt uns festes Vertrauen in unsere Verbundenheit mit anderen und in unser grundlegendes Gutsein.

12

»Das Leben ändert sich in einem Augenblick«

Wenn unsere Seifenblase platzt, wird für uns erkennbar, dass wir eine sehr wichtige Tür durchschreiten. Dann können wir damit experimentieren, uns auf der anderen Seite dieser Tür aufzuhalten. Wir können lernen, uns dort zu entspannen.

Joan Didion schrieb vor einigen Jahren ein Buch mit dem Titel *Das Jahr magischen Denkens*. Es handelt von dem Jahr nach einer abrupten Veränderung in ihrem Leben: dem unerwarteten Tod ihres Mannes.

Das Buch ist nicht nur eindringlich und klar geschrieben, sondern es weist uns auch einen gut nachvollziehbaren Weg, wie wir uns auf einer tieferen Ebene damit befassen können, was es bedeutet, über das Benennen hinauszugehen und sich mit dem Geist des offenen Gewahrseins zu verbinden.

Sie und ihr Mann waren gerade aus dem Krankenhaus zurückgekommen, wo ihre neununddreißigjährige Tochter, ihr einziges Kind, im Koma lag und in einem sehr schlimmen Zustand war. Beide hatten sich zu einem späten Abendessen hingesetzt. Sie konzentrierte sich auf das Mischen des Salats, und er genoss einen Scotch. Sie sprachen miteinander – und plötzlich sprach er nicht mehr. Er war gestorben, einfach so.

Kurz nach seinem Tod schrieb sie etwas mit ihrem PC. Als sie ihn das nächste Mal hochfuhr – Monate später –, las sie, was sie geschrieben hatte: »Das Leben ändert sich schnell. Das Leben ändert sich in einem Augenblick. Man setzt sich zum Abendessen und das Leben, das man kennt, hört auf.«[7]

Das Lesen dieser Worte löste eine tiefe Resonanz in mir aus. Sie erinnerten mich an Erlebnisse, in deren Verlauf ein plötzlicher Schock meine gewohnte konventionelle, zusammenhängende Sicht der Realität völlig veränderte. Und mir wurde bewusst, dass Millionen Menschen eine solche Erfahrung gemacht und einen Moment erlebt haben, in dem aus heiterem Himmel ihre Welt völlig zusammenbrach. Man braucht kein Praktizierender des Buddhismus zu sein – ich glaube nicht, dass Joan Didion dies ist –, um die Erfahrung zu machen, dass die eigenen Konzepte darüber, wie die Dinge sind, solch abrupte, drastische Veränderungen durchlaufen.

Dzigar Kongtrul Rinpoche spricht darüber, dass wir alle, ob wir wollen oder nicht, in einer Seifenblase leben. Sie ist unsere eigene Version der Realität, von unserem Ego geschaffen, das sich immer von offener Unbestimmtheit abwendet und versucht, das Vertraute zu bewahren. Meistens sind wir in der Lage, dieses Gefühl der Vertrautheit intakt zu halten. Alles in unserer Blase ist ziemlich vorhersehbar und ergibt scheinbar Sinn. Selbst wenn wir eine schwere Zeit durchmachen, sind wir auf einer gewissen Ebene in der Lage, alles zusammenzuhalten. Wir stehen morgens auf, begeben uns in eine vertraute Welt, gehen den Tag mit vielen vertrauten Abläufen durch. Wie wir unser Essen zubereiten, unseren Kaffee trinken, mit bestimmten Menschen auf eine bestimmte Weise interagieren – das alles birgt kaum Überraschungen und ist nichts, was wir bewusst steuern. Was für ein Leben wir auch immer führen, wir haben unsere jeweils eigene Version einer Blase. Es ist unsere standardmäßige Daseinsweise, und den Großteil der Zeit wissen wir nicht einmal, dass wir uns so verhalten.

Auch Joan Didion, eine kultivierte Frau mit einem ausgefüllten, vielseitigen Leben, befand sich in einer Blase. Sie wusste, dass ihr Mann ein Herzleiden hatte, an dem er eines Tages sterben könnte. Wenn sie sich jedoch vorstellte, wie ihre gemeinsame Zeit zu Ende gehen könnte, dann nahmen ihre Gedanken die Form dramatischer Fantasien an. So stellte sie sich vor, sie beide gingen in der Grotte schwimmen, die sie hin und wieder besuchten, und das Wasser stiege an, sodass sie zusammen ertrinken müssten. Das war »ein Ende, mit dem ich gerechnet hatte«, schrieb sie. »Nicht gerechnet hatte ich mit Herzstillstand am Abendbrottisch.«[8]

Als mir das erste Mal etwas Vergleichbares widerfuhr, tat auch ich etwas ganz Alltägliches: Ich saß vor meinem

Haus in New Mexico. Dann hörte ich die Autotür zuschlagen, mein Mann kam um die Ecke, sagte mir, er habe eine Affäre, wolle die Scheidung und – Wums! – war mein bisheriges Leben beendet.

Damals war ich noch nicht mit buddhistischen Lehre in Kontakt gekommen, also hatte ich keinen Bezugsrahmen. Dann, Jahre später, erhielt ich meine ersten Lehre über *shunyata*. Dieses Sanskritwort wird meistens mit »Leerheit« übersetzt. Wie so viele, habe auch ich es zunächst missverstanden. Leerheit kann leicht nach einer Leere, einem Nichtvorhandensein, einem Zustand der Nichtexistenz klingen. Manche haben die Vorstellung, es sei damit vergleichbar, aus einer Raumkapsel heraus ins Weltall geworfen zu werden und für alle Ewigkeit davonzuschweben. Das Bild, das ich von der Leerheit hatte, war das einer Fahrt durch die Geistervilla in Disneyland – der »Haunted Mansion Ride« –, bei der man in einer kleinen Gondel durch das Haus fährt und all die geisterhaften Hologrammgestalten sieht. Es dauerte eine Weile, bis ich die Leerheit mit dem in Verbindung brachte, was ich an jenem Tag in New Mexico erlebt hatte, oder mit anderen Erfahrungen, bei denen meine Seifenblase plötzlich geplatzt war.

Nichts in unserem konzeptionellen Rahmen vermag uns auf die Erfahrung vorzubereiten, dass das Leben, so wie wir es bisher kannten, endet. Die Art und Weise, wie der Verstand etwas wahrnimmt und in Beziehung setzt, greift nicht mehr. All unsere Orientierungspunkte sind weg; unser normales Verständnis der Realität funktioniert einfach nicht mehr. Obwohl sie nicht dieselbe Sprache benutzt, glaube ich, dass Joan Didion eine Erfahrung der Leerheit beschreibt. Es ist die Erfahrung jedes Menschen, dessen Welt so einstürzt.

Wenn wir über Leerheit sprechen, ist es wichtig zu klären, worauf sich »leer« bezieht. Das Wort »Baum« ist nur ein zweckmäßiger Name für mehrere Teile – Stamm, Äste, Blätter –, die sich ständig verändern, Tag für Tag, Augenblick für Augenblick. Wir nennen das alles zwar »Baum«, aber diese Bezeichnung gibt es nur in unserem Geist. In Wirklichkeit existiert nichts, was wir mit unseren einschränkenden Konzepten »festnageln« können. Es gibt nichts Dauerhaftes oder Festes, an das wir uns halten können. Und das gilt nicht nur für Bäume, sondern für alles im Universum – auch für »dich« und »mich«. Alles ist leer von festgefügten Vorstellungen und Benennungen. Gleichwohl verschwindet ein Baum nicht, wenn wir seine Leerheit erkennen. Wir sehen ihn einfach klarer, so wie er wirklich ist: fließend, offen und mit allem um ihn herum wechselseitig verbunden.

Eine andere Interpretation der Leerheit ist die, dass alles »frei von einer zugeschriebenen Bedeutung« ist. Statt etwas einfach so zu erleben, wie es ist, schreibt unser Verstand ihm zusätzliche Bedeutungsschichten zu. Das mag sehr abgehoben klingen, doch den Dingen eine Bedeutung zuschreiben ist etwas, was wir alle fortwährend tun. Wie fühlen Sie sich zum Beispiel, wenn Sie »eine schöne Tasse Tee« sagen? Oder »eine heiße Dusche« oder »mein kleiner Hund«? Denken Sie an das Objekt, so wie es ist, oder liegt eine andere Bedeutungsschicht darüber? Für viele von uns hat eine schöne Tasse Tee oder Kaffee die zusätzliche Bedeutung von »Gemütlichkeit«. Geld auf der Bank kann »Sicherheit« bedeuten. Ein bestimmtes Paar Schuhe kann »guter Geschmack« bedeuten, ein Ehepartner »Bestätigung«. Doch ist irgendeine dieser Bedeutungen wirklich in diesen Objekten enthalten?

Wenn unsere Seifenblase durch plötzliche Ereignisse platzt, werden die Bedeutungen, die wir ihr zugeschrieben haben, weggerissen. Ich habe den Bericht einer Frau gelesen, die am 11. September 2001 zur Arbeit hastete. Sie war so auf die Präsentation fixiert, die sie an jenem Tag halten musste, dass sie seit dem Aufstehen kaum etwas anderes wahrgenommen hatte. Sie war nicht einmal sicher, ob sie überhaupt gefrühstückt hatte. Ihre ganze Welt war in ihrem Kopf. Dann kam sie aus der U-Bahn-Station heraus, direkt am *Ground Zero*, und das Leben, wie sie es kannte, endete. Eines der ergreifenden von ihr beschriebenen Details war, dass die Luft voller herumfliegender Papiere war. All die wichtigen Dokumente und Präsentationen waren einfach zu losen Blättern und Schnipseln geworden, die durch die Luft schwebten. Die ihnen zugeschriebene Bedeutung war verschwunden.

Eine plötzliche Leerheitserfahrung kann auf verschiedenste Weise ausgelöst werden. Manchmal ist es eine Information. Ich kannte einmal jemanden, der mit etwa achtzehn Jahren eine zutiefst erschütternde Erfahrung machte, als er herausfand, dass er adoptiert worden war. Seine Adoptiveltern hatten ihn sehr liebevoll behandelt, und in seiner Kindheit war nichts wirklich Schlimmes passiert, aber die Entdeckung brachte die Version der Realität, die er unwissentlich konstruiert hatte, sofort zum Einstürzen. Bis zu diesem Zeitpunkt war er sein ganzes Leben lang davon ausgegangen, die Mutter, die ihn aufgezogen hatte, hätte ihn auch geboren, und auch sein Vater sei vom ersten Tag an bei ihm gewesen. Diese Realität war so tiefgreifend mit seinem ganzen Wesen verwoben, dass er, als er die Wahrheit herausfand, eine enorme Erfahrung der Bodenlosigkeit machte. Nicht nur die Bedeutung von »Mutter« und »Vater« war unterminiert, sondern auch seine eigene Identität infrage gestellt worden.

Wenn unsere Seifenblase platzt, verlieren selbst die gewöhnlichsten Dinge im Leben – die Möbel, der Nachbar, wie wir die Straße entlanggehen – ihre zusätzlichen Schichten unterstellter Bedeutung. Wir finden uns in einem bodenlosen, offenen Raum wieder. Vielleicht nur einen Moment oder – im Fall eines schweren Schocks, wie bei Joan Didion – viel länger. Wenn Ihre Welt so radikal auf den Kopf gestellt worden ist, kann es lange dauern, sie wieder zusammenzusetzen und wieder Boden unter den Füßen zu spüren.

In ihrem Buch schreibt Didion, dass ihre üblichen Gewohnheiten, Beziehungen und so weiter eine Qualität der Sinnlosigkeit erhielten. Obwohl dieses Wort einen trostlosen Beigeschmack hat, fand sie bei näherer Betrachtung, dass etwas mehr daran war als nur Trostlosigkeit. Sie machte – ebenso wie ich und viele andere – folgende Erfahrung: Wenn sich ein solches Gefühl der Sinnlosigkeit einstellt, dann weiß man, dass man mit einer bestimmten Art von Weisheit in Kontakt gekommen ist. Man weiß, dass man der Wahrheit auf der Spur ist. Mit den Augen sieht man zwar dieselbe alte Welt, doch sie hat nicht mehr die fiktive Bedeutung, die man ihr vorher gegeben hat. Plötzlich wird uns klar, dass wir die ganze Welt schon seit jeher erfunden haben. Die Dinge sind einfach so, wie sie sind, sie entfalten sich so, wie sie sich eben entfalten, aber unser Ego, das fortwährend auf Bestätigung und Sicherheit aus ist, versieht sie Schicht um Schicht mit Bedeutungen und Sinn.

Oftmals entbehrt es nicht der Komik, wie wir Dingen einen Sinn zuschreiben. Vor einigen Jahren hatte ich zu Hause einen Ölofen. Wenn er benutzt wurde, sah es genauso aus wie ein schönes Kaminfeuer. Ich genoss es, davor zu sitzen, die künstlichen Holzscheite anzusehen und die wohlige Wärme der simulierten Flammen zu spüren. Das Problem war nur, dass die Öldämpfe körperliches Unwohlsein hervorriefen. Also versuchte ich drei Tage lang, das Ding auszutricksen, weil ich das angenehme Gefühl haben wollte, vor einem Feuer zu sitzen, ohne mich krank zu fühlen. Irgendwann kam ich darauf, dass ich mich so lächerlich verhielt, weil ich dem Feuer eine Bedeutung zumaß – so etwas wie »heimelige Gemütlichkeit vor dem Kamin«. Diese Erkenntnis eröffnete mir den Weg, die Situation so zu sehen, wie sie tatsächlich war: Das schöne Feuer war nicht im Geringsten wohltuend für mich, sondern verursachte rasende Kopfschmerzen. Nachdem meine Seifenblase geplatzt war und ich mir nichts mehr vormachte, konnte ich richtig darüber lachen. Diese kleine Einsicht in die Leerheit verwandelte einen enttäuschenden Moment in einen vergnüglichen.

Aus buddhistischer Sicht gilt: Je mehr wir dahinterkommen, was es mit der Leerheit auf sich hat, desto offener werden wir für mehr Freude. Während wir die Dinge so wahrnehmen, wie sie wirklich sind, jenseits von Benennungen und Zuschreibungen, entdecken wir, wie schön es ist, von unseren trügerischen Vorstellungen befreit zu sein. In dem Maße, wie wir den offenen, bodenlosen Shunyata-Zustand kennen- und schätzen lernen, erkennen wir, dass er viel angenehmer ist als die fiktive »Realität«, die wir mit so großen Anstrengungen bewahren und verbessern wollen. Und diese Erkenntnis führt dazu, dass wir Mitgefühl mit all jenen haben, die diesen Kampf ständig führen. Deswegen ist es einer der wichtigsten Bestandteile des buddhistischen Weges, ein Verständnis der Leerheit zu entwickeln.

Die Schwierigkeit mit der Leerheit tritt auf, wenn uns der Kontext fehlt, um die Erfahrung zu verstehen. Wenn Leerheit uns einfach durch die Umstände aufgedrängt wird, kann sie sehr leidvoll oder zumindest desorientierend sein. Die meisten Menschen, die sich plötzlich in der Situation wiederfinden, dass ihnen ihre zugeschriebene Realität entrissen worden ist, haben keine Ahnung, was sie tun sollen. Der Raum ist zu weit und offen, es gibt nichts Vertrautes, an das man sich halten könnte.

Auf solche Erfahrungen können wir uns vorbereiten, indem wir uns jetzt mit der Leerheit vertraut machen. Eine Möglichkeit, dies zu tun, ist die im vorhergehenden Kapitel beschriebene Methode, »mittendrin« zu sitzen in dem, was vor sich geht, und Konzepte und Benennungen nach bestem Vermögen loszulassen. Wenn wir das regelmäßig tun, können wir hin und wieder die eindringliche Erfahrung machen, dass alles leer von unseren festgefügten Vorstellungen und geistigen Überlagerungen ist. Diese Erfahrung kann den Momenten ähneln, in denen das »Leben, wie wir es kennen«, endet, aber sie gehen nicht mit Schock und Trauma einher. Obwohl diese Momente der Erkenntnis scheinbar aus dem Nichts kommen, ergeben sie sich aufgrund unserer Praxis, weil wir bereit sind, inmitten unserer reifenden karmischen Samen zu sitzen. Sie sind das natürliche Ergebnis unserer Offenheit und Neugierde zu sehen, ob unsere Benennungen und geistigen Zuordnungen überhaupt eine Grundlage in der Realität haben.

Die Erfahrung der Leerheit zu kultivieren, verdeutlicht uns immer wieder was passiert, wenn unserem Leben der Boden unter den Füßen verloren geht. Wir gewinnen dadurch eine Methode, den schwierigsten, desorientierendsten Zeiten – wie Krankheit, Verlust und schließlich unserem eigenen Tod – ohne allzu viel Verzweiflung und Ablehnung zu begegnen. Seit ich mich mit der Leerheit befasst habe, haben sich einige Momente ergeben, in denen aus heiterem Himmel meine Welt auf den Kopf gestellt wurde. Ich würde zwar nicht sagen, die plötzliche Erfahrung, dass die Seifenblase platzt, sei grundlegend anders – aber dadurch, dass man einen Deutungskontext hatte, ist sie nicht länger beängstigend oder desorientierend. Sie gibt uns keinen Boden unter den Füßen oder etwas, an dem wir uns festhalten könnten, denn diese Erfahrung an sich ist eine der Bodenlosigkeit. Doch das

Wissen um die Leerheit macht es möglich, sich ihr mutig zu stellen. Wir können dadurch die Erfahrung als etwas wertschätzen, das uns der Wahrheit näherbringt.

Wenn unsere Seifenblase platzt, wird für uns erkennbar, dass wir eine sehr wichtige Tür durchschreiten. Dann können wir damit experimentieren, uns auf der anderen Seite der Tür aufzuhalten. Wir können lernen, uns dort zu entspannen. Und schließlich können wir uns sogar in die Leerheit verlieben, wie Anam Thubten es gern ausdrückt. Meine Lehrer und andere Menschen, denen ich begegnet bin und die gelernt haben, in diesem offenen Raum ohne zugeschriebene Bedeutung zu leben, sind die furchtlosesten, mitfühlendsten und frohesten Menschen, die ich je kennengelernt habe. Sie sind lebendige Beispiele dafür, was es bewirken kann, wenn man sich auf diese Weise verliebt.

13

Kühle Leerheit

Wenn wir aufhören, nach der Vertrautheit des Samsara zu streben, wenn wir nicht mehr gegen die Bodenlosigkeit ankämpfen, die mit dem Freisein von zugeschriebener Bedeutung einhergeht, dann wird die Leerheit zu einer Erfahrung der Ehrfurcht, des Unendlichen, des grenzenlosen Raums.

Sobald wir die Leerheit als eine Erfahrung sehen, die wir eher kultivieren als vermeiden sollten, können wir die vielen Gelegenheiten, die sich in unserem Leben ergeben, nutzen, um mehr darüber zu erfahren. Es braucht kein plötzlicher Schock zu sein, bei dem der Boden unter uns wegfällt und wir im freien Fall enden. Mitunter können wir uns auch durch weniger drastische, aber ebenso unerwünschte Gefühle und Geisteszustände mit der Leerheit verbinden. Langeweile, Einsamkeit, Unsicherheit, Ungewissheit, Ängstlichkeit, Angst und sogar Depressionen sind allesamt potenzielle Ansatzpunkte, um zu lernen, wie wir über unsere Seifenblase zugeschriebener Bedeutungen hinausgehen und die Dinge so erleben können, wie sie sind.

Langeweile ist eine Erfahrung, die scheinbar nichts zu bieten hat. Sie kann jedoch ein ausgezeichnetes Tor zur Leerheit sein. Trungpa Rinpoche unterschied gern zwischen zwei Arten der Langeweile: heiße und kühle. Besser vertraut ist uns die heiße Langeweile: Wir kämpfen gegen die Erfahrung an. Manchmal kommt sie mit einer Geschichte daher wie: »Ich fasse es nicht, dass ich damit meine kostbare Zeit verbringe.« Dann wieder ist die Geschichte nicht so hervorstechend. So oder so, wir halten die Erfahrung für schlecht und lehnen sie einfach nur ab. Es läuft letztendlich immer darauf hinaus, dass wir ihr entrinnen wollen. Kühle Langeweile hingegen beginnt im Grunde genommen mit der gleichen Erfahrung, aber statt dagegen anzukämpfen oder wegzulaufen, lassen wir zu, dass wir uns mit ihr entspannen. Wir werden mit ihr offener und begrüßen sie sogar. Mit anderen Worten: Sie ist in Ordnung.

Wenn wir lernen, so – also nicht ablehnend – mit unserer Langeweile zu arbeiten, können wir dieses Wissen übertragen und mit der Bodenlosigkeit ebenso arbeiten. Sind wir in der Lage, uns zu langweilen, ohne dagegen anzukämpfen – nämlich indem wir lernen, wie wir uns damit entspannen, und zulassen, dass unser Geist sich öffnet, um die weiträumige Qualität der Langeweile wahrzunehmen –, dann können wir dieses Wissen nutzen, um mit der Leerheit zu arbeiten. Sowohl bei der alltäglichen heißen Langeweile als auch bei der intensiven Wahrnehmung, dass das »Leben, wie wir es kennen, endet«, versuchen wir tendenziell, unsere Erfahrung abzublocken oder ihr aus dem Weg zu gehen, indem wir irgendwie Boden unter den Füßen suchen. Wenn wir uns dagegen in kühler Langeweile üben, trainieren wir, die Dinge zu akzeptieren, wie sie sind. So können wir leichter die Gewohnheit ablegen, uns in unserer beruhigenden Welt der vertrauten zugeschriebenen Bedeutungen einzuschließen.

Mit Einsamkeit arbeiten ist ähnlich. Wenn eine Person sagt, sie fühle sich einsam, ist im Allgemeinen heiße Einsamkeit gemeint. Man ist ruhelos, will jemanden finden, mit dem man reden oder zusammen sein kann. Man hat das Gefühl, dass etwas nicht stimmt. Der Kampf setzt sich so lange fort, bis das Problem von außen her gelöst wird. Kühle Einsamkeit hingegen beginnt zwar genauso, aber wir sind in der Lage, die Ruhelosigkeit und das Kämpfen loszulassen. Mit kühler Einsamkeit sind wir entspannt und können den gegenwärtigen Moment genießen. Sie geht nicht mit derselben düsteren Geschichte einher. Weil wir offen für die Erfahrung sind, spüren wir ihre flüchtige Natur und haben nicht so sehr das Gefühl, festgefahren zu sein.

Unsicherheit, Ungewissheit, Angst und die meisten anderen unwillkommenen Emotionen haben jeweils ihre heiße und ihre kühle Version. Da wir viel eher an die jeweilige heiße Version gewöhnt sind, halten wir solche Gefühle für sehr unangenehm – für etwas, das es zu vermeiden gilt. Doch gerade der Kampf, sie zu vermeiden, ist das, was sie heiß hält! In den kühlen Versionen sind wir mehr im Frieden und wacher. Statt darum zu kämpfen, Boden unter den Füßen zu finden, stellt sich die Bereitschaft, ja sogar die Freude daran ein, so mit den Dingen zu sein, wie sie sind.

Selbst Depressionen, von den meisten gefürchtet, können ein ausgezeichnetes Übungsfeld sein, um zu lernen, wie man sich mit der offenen, weiträumigen Qualität der Leerheit verbindet. Eine häufige Folge von Depressionen ist die, dass die Dinge ihre frühere Bedeutung verlieren. Die »schöne Tasse Tee« gibt Ihnen nichts mehr. An einer beruflichen Präsentation zu feilen, ist nicht mehr so überwältigend wichtig wie früher. Sie befinden sich in einem bodenlosen Raum, in dem viele Ihrer Bezugspunkte verschwunden sind.

Das erste Mal, als mein Leben, wie ich es kannte, endete – an jenem langen Tag in New Mexico –, verfiel ich in eine Phase tiefer Depression. Ich erinnere mich, dass ich einen ganzen Tag lang auf einer Couch saß, fast katatonisch. Selbst als ich hungrig wurde, hatte das Gefühl nicht mehr seinen ursprünglichen Sinn. Ich wusste zwar, es bedeutete, dass ich etwas essen sollte, war aber zu deprimiert, um aufzustehen.

Die Erfahrung katapultierte mich an einen ganz neuen Ort in meinem Leben. Lange Zeit ging ich mit diesem ungewohnten bodenlosen Gefühl hauptsächlich so um, dass ich um mich trat und schrie, aber schließlich gelang es mir, meine Sichtweise ein wenig zu ändern. Obwohl das depressive Gefühl gleich blieb, konnte ich etwas Abstand dazu gewinnen. Und irgendwann war ich dann in der Lage, das zu lernen, was ich aus der Erfahrung lernen konnte. Leidvolle Erfahrungen, auch Depressionen, haben etwas an sich, das für uns sehr bereichernd sein kann.

Wenn sich ein Gefühl der Sinnlosigkeit abzeichnet, wie es fast alle von uns schon einmal erlebt haben, ist das eine Chance, unsere Sichtweise zu ändern. Ist die Depression noch relativ schwach ausgeprägt – bevor sie sich endgültig festkrallt und in einen Geisteszustand verwandelt, der handlungsunfähig macht –, können Sie sich das Missbehagen, das Sie gerade empfinden, als heiße Depression vorstellen. Und aus dieser Perspektive heraus können Sie sich zumindest vorstellen, dass kalte Depressionen möglich sind.

Natürlich empfindet man Depressionen beim besten Willen nicht als reizvoll oder heiß, sondern das zugrunde liegende Gefühl ist: »Ich will, dass das aufhört« oder »Das ist schrecklich!« Statt also dieser gewohnten Reaktion weiter nachzugehen, wäre es möglich, zu denken: »Vielleicht könnte ich die Erfahrung dieser Depression aus einer kalten Perspektive heraus machen oder zumindest neugierig auf die Möglichkeit sein, diese Bodenlosigkeit einmal wirklich bewusst wahrzunehmen.« Wenn wir so verfahren, ohne uns zu sehr anzutreiben, wenn wir in diesem Prozess sanft und warmherzig mit uns selbst umgehen, dann können wir Depressionen vielleicht als Tor zur Weisheit der Leerheit erleben. Wir könnten damit experimentieren, immer nur in winzigen Häppchen bei dem unwillkommenen Gefühl zu bleiben. Auch wenn diese Häppchen nur zweieinhalb Sekunden dauern, helfen sie uns, die Leerheit ein bisschen besser kennenzulernen, bis sie für uns weniger erschreckend wird.

Allmählich wandelt sich dann unsere Beziehung zur Leerheit von heiß zu kühl, und wir entdecken, wie viel Freude und Freiheit in dem weit offenen Zustand zu finden sind, der außerhalb unserer gewohnten Blase existiert. Wenn wir aufhören, nach der Vertrautheit des Samsara zu streben, wenn nicht mehr gegen die Bodenlosigkeit ankämpfen, die mit dem Freisein von zugeschriebener Bedeutung einhergeht, dann wird die Leerheit zu einer Erfahrung der Ehrfurcht, des Unendlichen, des grenzenlosen Raumes.

Dennoch: Selbst wenn uns die Leerheit anzieht oder neugierig macht, können wir uns nicht einfach dazu zwingen, ohne zugeschriebene Bedeutung zu leben. Wir können nicht einfach sagen: »Oh, jetzt sehe ich die Aussicht vor meinem Fenster mal ohne zugeschriebene Bedeutung.« Das ist unmöglich, weil wir so sehr darin eingebunden sind, wie wir die Dinge normalerweise sehen. Diese Gewohnheit ist tiefer verankert, als wir wissen. Aber wenn Langeweile, Einsamkeit, Depressionen und andere unwillkommene Gefühle auftauchen, können wir sie nutzen, um uns von zugeschriebener Bedeutung zu entwöhnen. Jedes Mal, wenn wir uns dem Erkunden und Erforschen zuwenden – und nicht dem Kämpfen und Weglaufen –, demontieren wir insgesamt die Art, wie wir den Dingen eine Bedeutung zuweisen. Wenn wir das lange genug tun, wird unsere Ego-Blase ganz natürlich dünner, ohne dass wir uns extra darum bemühen müssten. Die wahre Natur der Dinge – so, wie sie wirklich sind – wird uns dann immer mehr zugänglich.

14

Die Erfahrung der Jetztheit

Immer wenn wir uns zwischen zwei Orten befinden, wenn etwas beendet ist und wir darauf warten, dass das Nächste beginnt, wenn wir versucht sind, uns abzulenken oder nach einem Fluchtweg zu suchen, können wir stattdessen zulassen, dass wir offen, neugierig, experimentierfreudig und verletzlich sind.

Wenn ich einen Lehrvortrag zum Thema Leerheit oder offenes Gewahrsein halte und den Zuhörern helfen möchte, sofort eine entsprechende Erfahrung zu machen, bitte ich sie manchmal, mit mir zusammen aufzustehen. Wir atmen alle gleichzeitig ein und heben die Hände über den Kopf. Dann atmen wir alle zusammen aus und lassen unsere Arme fallen, sodass die Hände auf den Oberschenkeln aufschlagen. Ich habe das schon mit bis zu sechshundert Personen durchgeführt. Es kann extrem laut sein.

Diese Übung ermöglicht es, einen Moment der Offenheit frei von Benennungen und Zuschreibungen zu erleben. Nach dem Schlag entspannen wir uns einfach geistig, so sehr es uns möglich ist. Was auch immer als Nächstes passiert, es ist einfach in Ordnung. Bei einigen tut sich eine Lücke weit offenen Raumes auf. Andere beginnen, mit sich selbst zu reden. Wieder andere werden traurig, gereizt oder schläfrig. Einige denken: »Ich verstehe das nicht.« Doch was auch immer passiert, es ist kein Problem. Eine spezielle Erfahrung ist gar nicht nötig. Wichtig ist, dass die Leute offen sind und die entspannte Einstellung haben, alles geschehen zu lassen, ohne es abzulehnen oder zu bewerten. Der laute Schlag schafft die Möglichkeit für eine Lücke in unserem konzeptuellen Prozess. Aber auch wenn man diese Lücke nicht erlebt, besteht kein Grund zur Sorge. Es ist eine tiefgehende Praxis, die Dinge einfach sein zu lassen.

Wenn Sie es für sinnvoll halten, Leerheit zu kultivieren – oder sogar meinen, das sei etwas, in das Sie sich verlieben könnten –, gibt es immer Wege, wie Sie im Alltag mit ihr in Verbindung treten können. Eine einfache Methode, Leerheit zu praktizieren, besteht darin, einfach innezuhalten. Das können Sie immer dann tun, wenn Sie daran denken. Es ist ganz einfach. Werden Sie langsamer und halten Sie dann abrupt inne. Achten Sie auf den gegenwärtigen Moment und verbinden Sie sich mit ihm. Dadurch wird der Strom von Konzepten und geistigem Geplapper unterbrochen, die Ihre Erfahrung überlagern. So können Sie mit der Zeitlosigkeit des gegenwärtigen Moments in Kontakt kommen – mit dem, was Trungpa Rinpoche so passend »Jetztheit« nannte.

Wenn sich in unserem betriebsamen Tagesablauf ärgerliche Wartezeiten ergeben, können wir sie nutzen und diese Übung des Innehaltens machen. Zum Beispiel, wenn Sie in Ihrer Mittagspause zur Post gehen und in einer langen Warteschlange stehen müssen, die nicht vorankommt. Statt nur dazustehen und sich aufzuregen, können Sie das geistige Geplapper sein lassen, sich entspannen und sich dem gegenwärtigen Moment zuwenden. Dann wird das Postamt mit allen Leuten darin vielleicht zu einem faszinierenden Erlebnis. Sie können das, was vor Ihren Augen ist, wirklich sehen, und das, was in Ihre Ohren dringt, wirklich hören, so als wären die Tore der Wahrnehmung gereinigt worden. Eben noch steckten Sie fest, waren gereizt oder gelangweilt, und nun verwandelt sich Ihre Erfahrung in etwas Lebendiges und Wunderbares. Sie sind frei von Konzepten wie »Ich bin so arm dran« oder »Dafür habe ich keine Zeit« und genießen stattdessen die Jetztheit.

Ich habe gehört, dass Frauen in Tibet in der Vergangenheit angeblich nur dann Erleuchtung erlangen konnten, wenn sie Lücken in ihrem geschäftigen, arbeitsreichen Leben nutzten, um zu praktizieren. Doch sie waren so sehr darauf aus, zu erwachen, dass sie lernten, die vielen Möglichkeiten, die sich ihnen boten, zu erkennen und zu nutzen. Jeder Moment »dazwischen« – auf jemanden warten, von einem Ort zum anderen gehen, melken – wurde zu einer wertvollen Gelegenheit. Statt darüber nachzudenken, was gerade geschah, oder zu planen, was als Nächstes geschehen würde, genossen sie den Raum, den konzeptuellen Geist pausieren zu lassen und mit der Jetztheit in Kontakt zu kommen.

Auch uns bieten sich in unserem Lebensalltag zahlreiche vergleichbare Gelegenheiten. Immer wenn wir uns zwischen zwei Orten befinden, wenn etwas beendet ist und wir darauf warten, dass das Nächste beginnt, wenn wir versucht sind, uns abzulenken oder nach einem Fluchtweg zu suchen, können wir stattdessen zulassen, dass wir offen, neugierig, experimentierfreudig und verletzlich sind.

Es ist möglich, sich in Momenten mit der Jetztheit zu verbinden, in denen wir die Orientierung verloren haben oder aus dem Gleichgewicht geraten sind, also in jenen Zeiten, in denen wir nicht sicher sind, was wir tun sollen und welche Auswirkungen unser Handeln hat. Oft ergeben sich solche Situationen, wenn es uns schwerfällt, eine wichtige Entscheidung zu treffen. Sie wissen nicht, ob Sie ein Stellenangebot annehmen sollen, wohin Sie umziehen oder welchen medizinischen Rat Sie befolgen sollen. Oder Sie wollen jemandem in Not helfen, wissen aber nicht, wie. Vielleicht schwanken Sie, ob es an der Zeit ist, etwas zu riskieren oder lieber auf Nummer sicher zu gehen. Oder es ist nur ein geringfügiges Dilemma, wie zum Beispiel, was Sie anziehen oder welches Gericht auf der Speisekarte Sie bestellen sollen.

In all diesen Fällen hätten Sie zwar gern ein konkretes Ergebnis, aber es ist unmöglich, zu einer endgültigen Entscheidung zu gelangen. Infolgedessen haben Sie das Gefühl, verletzlich zu sein und keinen festen Boden unter den Füßen zu haben. Wenn Sie aber in solchen Situationen achtgeben und präsent bleiben, können Sie eine Gelegenheit finden, mit der Weisheit der Jetztheit in Berührung zu kommen – mit der Offenheit und Unvorhersehbarkeit, die den Dingen stets zu eigen ist.

Einmal hörte ich in Gampo Abbey einen Vortrag von Khenchen Thrangu Rinpoche, dem Abt des Klosters. Als er aufhörte zu sprechen, schlug einer der Mönche einen Gong als Zeichen, dass der Lehrvortrag beendet war. Obwohl dies in der Gampo Abbey so üblich ist, dachte Thrangu Rinpoche, der Gong zeige den Beginn einer Meditationssitzung an. Also saß er die nächsten anderthalb Stunden völlig entspannt auf seinem Kissen und verlagerte nur hin und wieder sein Gewicht. Wir Zuschauer waren uns nicht ganz sicher, was los war, also saßen wir ebenfalls die ganze Zeit da, in einem Zustand der Ungewissheit. Wartete er darauf, dass wir die Sitzung beendeten, oder warteten wir auf ihn? Jeder von uns hatte sicherlich seine jeweils eigene Art, mit dieser Situation umzugehen – angefangen damit, sich mit der Bodenlosigkeit zu entspannen, bis hin zu dem Wunsch zu schreien. Mir vermittelte die Ungezwungenheit Thrangu Rinpoches eine tiefe Wertschätzung dafür, wie man sich mit Jetztheit – mit Leerheit im Alltag – wohlfühlen kann.

In der Zen-Tradition greifen die Lehrer auf *Koans* zurück – Fragen, auf die es, zumindest bei einem fixierten Geist und dualistischem Denken, keine Antwort gibt. Das vielleicht berühmteste Zen-Koan ist: »Wie klingt das Klatschen einer Hand?« Das mag sich zwar nach einer sehr esoterischen Praxis anhören, aber wenn wir darauf eingestellt sind, wie die Dinge auf dieser Welt wirklich sind – frei von auferlegten Bedeutungen und nicht festzulegen –, werden wir feststellen, dass uns das Leben immer wieder Koans präsentiert.

Für die meisten von uns sind solche uneindeutigen Momente negative Erfahrungen, die wir tendenziell fliehen. Doch für spirituell Praktizierende können diese Koans Mittel sein, durch die sie erwachen und ihr volles Herzens- und Geistespotenzial verwirklichen. Statt offene Fragen, die das Leben uns stellt, sofort beantworten zu wollen, könnten wir damit experimentieren, uns mit diesem Gefühl der Unbestimmtheit zu entspannen, und sei es auch nur einen Moment.

Doch selbst wenn das Leben uns keine Gelegenheiten bietet, Bodenlosigkeit zu erfahren und verletzlich zu bleiben, können wir immer noch Wege finden, uns mit der alltäglichen Leerheit zu verbinden – mit der Jetztheit. Eine Praxis, die mir besonders gefällt, ist die der geistigen Momentaufnahmen. Beginnen Sie damit, dass Sie die Augen schließen. Drehen Sie dann den Kopf in alle Richtungen – nach oben, unten, zur Seite; wie genau, spielt keine Rolle. Die Übung zielt darauf ab, dass Sie nicht ganz sicher sind, was Sie sehen, wenn Sie die Augen öffnen. Öffnen Sie dann plötzlich die Augen und sehen Sie, was sich vor Ihnen befindet. Sie werden nahezu sofort wieder dazu übergehen, alles zu benennen, aber versuchen Sie, den Moment, bevor die Benennung stattfindet, wahrzunehmen. Versuchen Sie auf entspannte und offene Weise, eine geistige Momentaufnahme dieses Augenblicks zu machen, der frei von zugeschriebener Bedeutung ist.

Das können Sie den ganzen Tag über tun, wo auch immer Sie sind. Sie brauchen auch nicht unbedingt vorher die Augen zu schließen, aber es kann hilfreich sein, um herauszufinden, wie genau diese Praxis funktioniert. Wenn Sie Fotograf sind oder eine andere künstlerische Tätigkeit ausüben, empfinden Sie solche Aktivitäten vielleicht als ganz natürlich, aber Sie sollten versuchen, sie anzupassen und zu einer Praxis der Leerheit zu machen – zu einer Methode, sich mit der Jetztheit zu verbinden. Sie können diese Übung auch mit anderen Sinneseindrücken machen. So können Sie beispielsweise plötzlich die Geräusche, die Sie hören, bewusst wahrnehmen, und versuchen, auf den Moment zu achten, bevor Sie die Geräusche identifizieren und entscheiden, ob Sie sie mögen oder nicht.

Die Praxis der Momentaufnahme gibt uns einen Einblick in den Geist eines Meditierenden, der Erfahrungen damit gemacht hat, die Dinge so zu sehen, wie sie sind. Ein solcher Mensch hat kontinuierlich das Gefühl, überrascht zu sein. Man ist überrascht, dass die Dinge nicht so sind, wie man sie sich vorgestellt hat – oder dass sie *tatsächlich* so sind, wie man sie sich vorgestellt hat. Das ist die frische, unkonventionelle Wahrnehmung von Künstler-Meditierenden. Trungpa Rinpoche, der uns diese Praxis der Momentaufnahme lehrte, beschäftigte sich leidenschaftlich gern mit Kunst. Seine Fotos sind sehr interessant. Eines davon zeigt auf der einen Seite die letzten beiden Buchstaben eines riesigen Tankstellenschildes. Dann kommt ein großer Zwischenraum, und auf der gegenüberliegenden Ecke des Fotos stehen die ersten beiden Buchstaben eines anderen Schildes. Alles fügt sich zusammen zu einem schönen, zeitlosen Moment.

Bei all den Leerheitspraktiken im Alltag geht es darum, sich mit dem Moment, so neu und frisch, wie er ist, zu verbinden. Kleinen Kindern ist dieses Frische viel leichter zugänglich. Aber auch Erwachsene können einen Zugang dazu finden. Manchmal wird es uns aufgedrängt, wie bei einem plötzlichen Schock. Manchmal müssen wir es bewusst entwickeln. Aber wie auch immer es sich im Einzelnen gestalten mag, dahinter steht der Gedanke, solche Momente als Einblick in eine größere Wahrheit jenseits unserer gewohnten Benennung zu werten. Dadurch, dass wir solche Gelegenheiten weiterhin ausfindig machen und nutzen, ist unser Nervensystem mit der Zeit immer besser in der Lage, Ungewissheit, Unklarheit und Unsicherheit zu »halten«. Wenn wir uns weiterhin aus unserer Komfortzone herauswagen und solchen Gefühlen gegenüber mehr Toleranz entwickeln, ändert sich unser Leben. Wir haben nicht mehr das Gefühl, wir müssten eine Rüstung tragen, um in unserem Alltag nicht schutzlos ausgeliefert zu sein, sondern wir empfinden es eher so, als sähen wir einen Film. Ein großartiges Ergebnis dieser Praxis ist das Gefühl, wir hätten nichts zu verlieren.

15

Geburt und Tod in jedem Moment

Geburt und Tod, Geburt und Tod – so geht es immer weiter, ständig und in alle Ewigkeit. Indem wir uns an diesen Fluss gewöhnen, sehen wir die Dinge allmählich mit neuem, frischem Blick.

Wenn wir uns daran begeben, die Leerheit zu erkunden, betreten wir eine Welt jenseits der Blase unserer festgefügten Vorstellungen und Benennungen. Wir stimmen uns allmählich ein auf die fließende, flüchtige wahre Natur der Dinge, so wie sie wirklich sind. In vielerlei Hinsicht ist es leicht, das Schöne und Wunderbare daran wertzuschätzen. Der Tag wird zur Nacht und dann wieder zum Tag, der Mond nimmt zu und wieder ab, die Jahreszeiten durchlaufen ihre spektakulären oder kaum wahrnehmbaren Veränderungen. Wenn eine Blume erst aufblüht und dann verwelkt, akzeptieren wir das Schmerzliche an dieser Veränderung. Auch wenn das Verwelken der Blume uns traurig macht, können wir es als Teil der Bewegung des Lebens anerkennen. Stellen Sie sich vor, alles existierte in festgefügter Weise. Würde das Leben dann nicht bald langweilig?

In der buddhistischen Lehre führt das Thema Unbeständigkeit jedoch unweigerlich zum »T-Wort«. Für die meisten von uns liegt der Gedanke an den Tod nicht in unserer Komfortzone. Dass wir selbst und unsere Lieben unausweichlich sterben müssen, ist nicht so leicht zu akzeptieren wie der Wechsel der Jahreszeiten. Das gilt insbesondere dann, wenn wir in einer Kultur leben, in der der Tod normalerweise tabuisiert wird, wie es in weiten Teilen der westlichen Welt geschieht.

Als ich um die dreißig war, lebte ich mit meiner Familie in einem kleinen Dorf in Mexiko. Die Einstellung zum Tod unterschied sich dort sehr von dem, was ich gewohnt war. Das Bedürfnis, ihn zu verbergen, war nicht so stark vorhanden. Wenn ein Baby starb, wurde der kleine Sarg von jemandem auf dem Kopf durch die Stadt getragen. Natürlich waren die Menschen im Dorf sehr traurig und vermissten ihre Lieben, wenn sie starben – sie hatten ihre Gefühle ja nicht gekappt. Doch die Einstellung: »Nein, das hätte einfach nicht passieren dürfen!« gab es nicht. Wenn wir als Familie von dort, wo wir wohnten, zur Plaza gingen, kamen wir an einem Bestattungsinstitut vorbei. Die Leichname der Verstorbenen waren durch ein großes Fenster gut zu sehen. Eines Tages kamen meine Kinder zu spät nach Hause. Sie sagten, sie hätten einen großen Umweg gemacht, um die Leichen nicht sehen zu müssen. Als wir jedoch später wieder wegzogen, war es ihnen schon nicht mehr so unangenehm, den Tod zu sehen, und uns allen war ein solcher Anblick vertrauter geworden.

Ich habe schon etliche Leute sterben gesehen. Wenn Menschen eine Beziehung zum Tod aufgebaut haben, sind sie in der Regel in der Lage, loszulassen und haben einen leichteren Übergang. Haben sie aber Angst vor dem Tod, kann es schmerzlich sein, zuzusehen. In ihren Augen spiegelt sich ein Grauen, als würden sie in eine tiefe Grube gestoßen. Nachdem ich beide Arten des Sterbens gesehen habe, weiß ich, welchen Weg ich gehen will. Das war für mich eine sehr wichtige Inspiration, um mich in meinen Betrachtungen weiterhin mit dem Tod zu beschäftigen. Ich habe lange damit gearbeitet und sehe den Tod inzwischen nicht mehr als beängstigend an. Und auch beim Lehren thematisiere ich den Tod mittlerweile mehr, weil es nach meinem Empfinden wirklich unnötig ist, ihn so sehr zu fürchten.

Vor Kurzem habe ich eine Praxis begonnen, die mir geholfen hat, meine Beziehung zum Tod zu vertiefen. Es ergab sich nach einem Gespräch mit Anam Thubten Rinpoche, der mir Folgendes erzählte:

> »Heute Morgen war ich mit einem Freund unterwegs. Wir waren in einem Geschäft für Künstlerbedarf und haben Pinsel, Tinte und Papier gekauft, damit wir zusammen kalligrafieren können. Jetzt ist die Erinnerung daran wie ein vergangenes Leben. Es ist für immer vorbei und wird sich nie wieder genauso ereignen. Es hat sich erge-

ben, eine Weile angedauert und war dann vorbei, um nie wieder zurückzukehren. Und jetzt bin ich hier bei dir. Wir reden, zwischen uns steht dieser Tisch, Bilder hängen an der Wand, und wir sind in diesem Raum zusammen. Anschließend wird auch diese Erfahrung vorbei sein. Sie wird eine weitere Erinnerung sein, wird vergehen und nie wieder dieselbe sein. Und du und ich werden beide in einem anderen Leben sein. Dieser Morgen war wie ein vergangenes Leben, unser jetziges Gespräch wird bald ein weiteres vergangenes Leben sein, und danach wird es wieder ein weiteres Leben danach geben. Die Dinge werden ständig geboren und vergehen wieder. Und so wird es sich bis in alle Ewigkeit in einem kontinuierlichen Fluss fortsetzen.«

Normalerweise denken wir bei Geburt und Tod an den gesamten Zyklus, den der Körper durchläuft und der viele Jahrzehnte andauern kann. Aber in Wirklichkeit durchlaufen wir jeden Tag fortwährend Zyklen von Geburt und Tod. Jedes Ereignis unseres Lebens hat einen Anfang, eine Mitte und ein Ende. Zuerst entsteht es, wird geboren. Dann endet es, es stirbt. Und zwischen diesen Geburten und Toden gibt es wiederum viele kleinere Momente mit ihren jeweils eigenen Geburten und Toden. Jeder Tag besteht aus unzähligen Momenten, und jeder dieser kostbaren Momente endet und wird zu einem vergangenen Leben.

Ich beschloss, das, was Anam Thubten mir gesagt hatte, als Praxis auszuprobieren. Es ist für mich eine Übung geworden, Geburt und Tod in jedem Augenblick zu erkennen. Ich habe sie auch vielen anderen Menschen empfohlen, und das Feedback, das ich erhalten habe, deutet darauf hin, dass viele, die diese Praxis ausüben, irgendwann ihre Angst vor dem Tod verlieren werden. Der Tod wird dadurch so vertraut, dass er sich nicht mehr bedrohlich anfühlt.

Die Praxis ist ganz einfach. Erinnern Sie sich an ein Ereignis oder einen Moment des gestrigen Tages oder von heute Morgen. Betrachten Sie eingehend die Tatsache, dass er für immer verschwunden ist, wie ein vergangenes Leben. Wiederholen Sie das einfach immer wieder. Tun Sie es, wann immer Sie daran denken – beim Aufwachen, wenn Sie nachts nicht schlafen können, einfach immer dann, wenn es Ihnen einfällt. Wenn Sie diese Praxis regelmäßig ausüben und »dranbleiben« – wenn Sie sie aktuell halten –, dann stellt sich mit der Zeit das Gefühl ein, in den Fluss der Vergänglichkeit einzutreten. Sie werden die direkte Erfahrung machen, dass nichts auf festgefügte Weise existiert. Geburt und Tod, Geburt und Tod – so geht es immer weiter, ständig und in alle Ewigkeit.

Indem wir uns an diesen Fluss gewöhnen, sehen wir die Dinge allmählich mit neuem, frischem Blick. Wir bemerken die Einzigartigkeit jedes Moments. Angenommen, Sie sitzen gerade irgendwo mit diesem Buch. Es gibt Geräusche und Gerüche – manche davon sind natürlich, andere unnatürlich. Licht und Luft haben ihre je eigenen flüchtigen, unterschwellig-subtilen Eigenschaften. Viele Empfindungen machen sich in Ihrem Körper bemerkbar – Hitze, Kälte, Enge,

Entspannung und so weiter. Jeder Moment ist wie eine eigene kleine Episode. Und jede Episode verblasst und wird zu Vergangenheit, um nie wieder zurückzukehren.

In all diesen Erfahrungen scheint es jemanden zu geben, der sie durchlebt. Das ist das »Ich«, die Person, die Ihren Namen trägt. Doch wenn Sie Geburt und Tod in jedem Moment betrachten, erkennen Sie allmählich, dass »du« und »ich« keine feste Identität haben. Das Frühstück heute Morgen, der Anruf gestern Abend, die gestrige Besorgung – jede kleine Episode, die Sie durchlaufen, wird zwar vom »Ich« erlebt, doch dieses »Ich« wandelt sich ständig. Die Hauptfigur einer Szene verschwindet und wird durch die Hauptfigur der nächsten Szene ersetzt. Es ist in jeder Szene ein anderes »Ich«. Selbst das »Ich«, das dieses Kapitel anfangs zu lesen begonnen hat, ist nicht mehr da. »Du« und »Ich« lösen sich ständig auf und setzen sich neu zusammen, erleben fortwährend Tod und Wiedergeburt.

Thich Nhat Hanh drückt es in seiner poetischen Art in etwa so aus: Unser Körper ist wie ein Fluss, alle Zellen sind wie Wassertropfen, die ständig aufwallen und verschwinden. Und der Geist mit all seinen flüchtigen Wahrnehmungen, Gedanken und Gefühlen ist genauso. Wir identifizieren uns mit unseren Werten, Ansichten oder unserer Persönlichkeit, aber diese ändern sich ständig. Es gibt keinen Aspekt des »Ich« oder »Du«, der nicht den kontinuierlichen Fluss von Geburt und Tod durchläuft. Das wird uns nach und nach klar, wenn wir weiterhin mit dieser Praxis experimentieren.

Ist Ihnen die Tatsache, dass Geburt und Tod in jedem Moment stattfinden, erst einmal vertrauter, dann entdecken Sie weitere Vorteile. Es stellt sich die Einsicht ein, dass es ständig unendlich viele Gelegenheiten gibt, einen Neuanfang zu machen. In jedem neuen Moment endet ein Leben, und ein anderes beginnt. Das bedeutet, Sie haben immer eine weitere Chance. Sie können nie stecken bleiben. Wenn zum Beispiel irgendetwas passiert und Ihre gewohnte Reaktion die ist, dass Sie sich unsicher fühlen, dann denken Sie: »Ich bin unsicher. Ich bin ein unsicherer Mensch. Genau das bin ich.« Doch eine Stunde später sind Sie gar nicht mehr unsicher. Es ist, als wären Sie nicht mehr derselbe »unsichere Mensch«. Dieser Moment ist gestorben, ist Teil eines vergangenen Lebens. Ebenso verhält es sich mit der Person, die diesen Moment der Unsicherheit erlebt hat. Jetzt haben Sie eine weitere Chance. Und wenn Sie wieder in Unsicherheit verfallen, haben Sie erneut eine weitere Chance – und danach noch eine weitere. Sie können etwas Gewohntes zigmal wiederholen, Sie können es sogar komplett vermasseln, aber der Zahl der Neuanfänge, die Ihnen möglich sind, ist keine Grenze gesetzt. Es gibt kein festgefügtes »Ich«, das dazu verdammt ist, für immer in derselben Spur zu bleiben. Dementsprechend ist der Tod, der sich in jedem Moment vollzieht, ein großer Segen.

Es gibt einen traditionellen Spruch aus der tibetischen Geistesschulung (Lojong), der lautet: »Betrachte alle Phänomene als Traum.« Trungpa Rinpoche hat dies umformuliert zu »Betrachte alles als eine Erinnerung, die vorübergeht.« Wenn wir üben, Geburt und Tod in jedem Moment zu erkennen, wird das zu unserer natürlichen Sichtweise. Nichts, was in unserem Leben passiert, ist festgefügter oder solider als eine vorübergehende Erinnerung. Wenn es uns allmählich gelingt, solche Erfahrungen selbst zu machen, wird es unser Leben und unseren Tod immens bereichern.

16

Leben ohne Ego

Im Dharma ist oft die Rede davon, das Ego – das Ich – zu überwinden und sogar einen unumkehrbaren Zustand der Ichlosigkeit zu erreichen. Aber für viele von uns klingt das nur nach einer Theorie. Es scheint fast, als würden sich die Lehren auf eine Existenzebene beziehen, die irgendwo außerhalb unserer menschlichen Welt liegt. Das Ego zu überwinden ist jedoch etwas, das wir alle tun können.

»Du hast dich von deinem Mann scheiden lassen, und jetzt solltest du dich von Pema Chödrön scheiden lassen.« Diese kryptische Nachricht erhielt ich im Sommer vor einigen Jahren von Anam Thubten Rinpoche. Als ich ihn fragte, was er meinte, sagte er, es sei nur eine dumme SMS gewesen, und ging nicht weiter darauf ein. Später jedoch, in einem Meditationsretreat, kam mir eine Idee, worauf er wahrscheinlich hinauswollte.

Leben für Leben wurde ich geboren und erhielt einen Namen. Und Leben für Leben identifizierte ich mich vollständig mit dieser Person. Mir wurde klar, was für eine Verschwendung das gewesen war. Was für eine Verschwendung, immer wieder auf dieselbe Weise ausgetrickst zu werden und immer wieder die Chance zu verpassen zu erleben, wie entspannend es ist, einfach mit den Dingen zu sein, so wie sie sind.

Wie alle fühlenden Wesen ist meine Erfahrung fortlaufend, Moment für Moment. Meine fünf Sinne nehmen einen Anblick, Geräusche, Gerüche, Geschmack und taktile Empfindungen wahr, und mein Geist erlebt Gedanken und Gefühle. Das ist überhaupt kein Problem. So ist es eben, lebendig zu sein – ein fantastischer, wunderbarer Segen.

Das Traurige daran ist jedoch, dass ich mich immer wieder mit derjenigen identifiziert habe, die all das erlebt. Daraus wurde die Illusion eines beständigen, festgefügten, gesonderten Wesens, an das ich in den letzten Jahrzehnten als »Pema Chödrön« gedacht habe. Mit diesem Gefühl einer festgefügten, unveränderlichen Person, die all diese Erfahrungen macht, bin ich festgefahren – wieder einmal. Ich befinde mich erneut in der Situation, in der es heißt, Pema Chödrön »gegen« ihre Erfahrung oder Pema Chödrön »für« ihre Erfahrung oder Pema Chödrön gleichgültig gegenüber ihrer Erfahrung. Und diesen drei grundlegenden Reaktionen entspringen verschiedenste intensive Gefühle, schädliche Handlungen und schmerzliche Ergebnisse.

Während ich mit der Kontemplation fortfuhr, fragte ich mich, was ich diesmal anders machen könnte. Wie kann ich mich von dieser Pema Chödrön scheiden lassen? Ist das überhaupt möglich? Wie wäre es wohl, weiterhin zu leben, Erfahrungen zu machen und zu funktionieren, ohne mich mit einer festgefügten Person zu identifizieren? Oder, um mehr buddhistische Terminologie zu verwenden: Wie wäre es, ohne Ich zu leben?

Im Dharma ist oft die Rede davon, das Ego – das Ich – zu überwinden und sogar einen unumkehrbaren Zustand der Ichlosigkeit zu erreichen. Aber für viele von uns klingt das nur nach einer Theorie. Es scheint fast, als würden sich die Lehren auf eine Existenzebene beziehen, die irgendwo außerhalb unserer menschlichen Welt liegt. Das Ich zu überwinden ist jedoch etwas, das wir alle tun können.

Es ist deswegen möglich, ohne Ich zu leben, weil es eine falsche Identität ist. Pema Chödrön ist zufällig mein Name, aber es ist nicht das, was ich bin. Ich habe viele andere Bezeichnungen – »Lehrerin«, »Nonne«, »Amerikanerin«, »alte Dame« und so weiter –, aber keine davon ist das, was ich bin. Man kann eine Person nicht in einem Namen, in einigen Worten und nicht einmal in einigen Büchern voller Worte zusammenfassen. Unsere Namen und Benennungen dienen ganz praktisch dazu, uns zu helfen, etwas in Begriffe zu fassen und zu kommunizieren, aber sie machen nicht das aus, was wir sind. Der Weg, das Ego zu überwinden, besteht darin, nicht mehr an diese leeren Identitäten zu glauben.

Selbst erleuchtete Menschen haben noch ein Gefühl, da zu sein. Sie haben das Gefühl, einen Körper zu bewohnen – einen bestimmten Körper, der alt oder jung, männlich oder weiblich, groß oder klein, dunkel oder hell ist. Was sie aber nicht haben, ist das Gefühl, zu ihrem Körper oder ihrer Person zu gehören oder sich damit zu identifizieren. Sie können etwas tun, ohne sich mit dem, der es tut, zu identifizieren; sie können Erfahrungen machen ohne einen festgelegten Erfahrenden; sie können Gedanken haben ohne einen Denkenden.

Diese Art und Weise zu sein, mag fremdartig anmuten, aber man kann damit experimentieren und ein Gefühl dafür bekommen, wie es ist. Überlegen Sie zum Beispiel einmal beim Essen, wie es wäre, ohne einen Essenden zu essen. Wenn Sie sich bewegen, erkunden Sie, sich ohne Bewegenden zu bewegen. Wenn Sie sehen oder hören, fragen Sie sich, wie es wäre, es ohne einen Sehenden oder Hörenden zu tun. Wenn Sie meditieren, finden Sie heraus, wie Sie es ohne einen Meditierenden tun. Was auch immer Sie tun, versuchen Sie, es so zu empfinden, dass die Phänomene sich einfach entfalten, ohne dass es eine Person gibt, die auf die Erfahrung reagiert oder versucht, sie zu kontrollieren. Das entspricht dem Rat von Thogme Sangpo, »nicht in Konzepten von Subjekt und Objekt zu denken«[9]. Was auch immer Sie tun, sehen Sie zu, dass Sie die direkte Erfahrung machen können, ohne jegliche Trennung zwischen dem, was Sie sind, und dem, was Sie tun.

Es gibt keine Garantie dafür, was Sie durch dieses Experiment herausfinden werden, aber vielleicht stellen Sie fest, dass Sie sich mit der freien, nichtkonzeptuellen Erfahrung verbinden, einfach nur zu essen, nur zu gehen oder was auch immer, ohne dabei das Gefühl zu haben, »ich esse oder gehe«. Wenn das geschieht, ist das ein Vorgeschmack darauf, wie es ist, ohne Ich zu leben.

Der Unterschied zwischen dem Leben mit und ohne Ego ist wie der Unterschied zwischen statisch und fließend. Weil sich das Ich tendenziell gegen die offene, leere Natur der Dinge sträubt, erstarren unsere Wahrnehmungen, sobald unsere Erfahrung vom Ego dominiert wird, und verlieren ihre Lebendigkeit.

Als ich jung war, hatte ich einen sehr interessanten Traum, der mir bis heute in Erinnerung geblieben ist. Ich war in einem fließenden Zustand ohne jeglichen Widerstand – kein »ich« gegen »dich« oder »ich« gegen irgendetwas. Es gab nur ein Gefühl offener Weite, dynamisch und lebendig. Das Wort, das mir immer wieder in den Sinn kam, war »Prozess«. Ich erkannte, dass alles im Prozess war – in Bewegung, wachsend, lebendig. Ich hatte ein tiefes Gefühl dafür, was es bedeutete, ich zu sein, und was es bedeutete, im Austausch mit allem, was meine Sinne wahrnahmen, zu sein. Und ich hatte den Gedanken: »Nichts ist so, wie es scheint.« Ich erkannte, dass die Art, wie ich die Dinge normalerweise als festgefügt und beständig wahrnahm, nur eine Illusion war.

Als ich aufwachte, war es ein großer Schock. Ich öffnete die Augen, und da war ich plötzlich wieder: zurück in der erstarrten Welt. Meine Sinneswahrnehmungen waren wieder da, bereit, alles auf eine festgefügte Weise zu sehen. Es fühlte sich an, als sei alles aus Plastik, so wie das Plastik-Sushi, das vor einigen japanischen Restaurants ausgestellt wird. Ich erinnere mich, dass ich das sehr deprimierend fand. Ich hatte zwar eine Erfahrung mit etwas gemacht, das sich wie die Wahrheit anfühlte, aber es gab einfach keine Möglichkeit für mich, dorthin zurückzukehren.

Jahre später, als ich begann, buddhistische Lehren über Leerheit und Ichlosigkeit zu hören, nahm ich diesen Traum als Bezugspunkt. Er stand in Resonanz mit den Worten, die Trungpa Rinpoche und andere Lehrer benutzten: »dynamisch«, »fließend«, »ein Prozess«, »lebendig«. Doch diese Lehrer vermittelten mir nicht nur einen Eindruck davon, wie sich die Erfahrung der Ichlosigkeit anfühlte, sie wiesen mir auch den Weg, wie ich dieses Freisein von einem Ego entwickeln konnte.

Wenn das Ich ein so großes Problem ist, besteht die natürlichste Lösung scheinbar darin, es loszuwerden. Ist es nicht damit vergleichbar, jemanden im Büro, in der Gemeinschaft oder in der Familie zu haben, der einem auf die Nerven geht? Man will diese Person loswerden oder wünscht sich zumindest, sie nie wiedersehen oder mit ihr zu tun haben zu müssen. Das ist eine normale Reaktion auf Schwierigkeiten. Und warum sollten wir angesichts all der Lehren darüber, denen zufolge das Ego der größte Unruhestifter, die allergrößte Nervensäge in unserem Leben ist, nicht einfach versuchen, es loszuwerden?

Die Vorstellung, wir müssten das Ego loswerden, ist jedoch ein Missverständnis, das viele Menschen – auch erfahrene buddhistische Praktizierende – gemeinsam haben. Der Gedanke, dass wir etwas in uns loswerden wollen, bewirkt nämlich, dass unser innerer Kampf intensiver wird. Er schürt unsere Neigung, uns selbst unfreundlich zu behandeln. Darum lehrte der Buddha stattdessen die Methode des Nichtablehnens.

Der Grundgedanke dahinter ist, sich das Ego und seine Funktionsweise sehr bewusst zu machen, nicht, es loswerden zu wollen. Denn nur dadurch, dass wir es kennen, verliert es seine Macht, uns weiterhin im Samsara kreisen zu lassen. Es manifestiert sich in all den unzähligen Arten, wie wir uns gegen das sträuben, was ist. Es ist in all unseren Bestrebungen vorhanden, das wegzustoßen, was wir nicht wollen, und das anzuziehen, was wir wollen. Es zeigt sein Gesicht in all unseren festgefügten Ansichten, Meinungen und Vorstellungen. Es ist präsent in unseren diversen Arten, wie wir uns selbst sehen, zum Beispiel als »schwach«, »stark«, »minderwertig«, »klug«, »kompetent«, »unwürdig« und so weiter.

Der Kern der Praxis besteht darin, all das zu beobachten und mitten darin auszuharren, ohne etwas berichtigen oder verändern zu wollen. Was auch immer aufkommt, wir können üben, einfach da zu sein, mit so viel Leichtigkeit, Neugierde und Offenheit wie möglich. Wir können daran arbeiten, all diese Aktivitäten unseres Geistes zu beobachten und wahrzunehmen – nichts weiter damit zu tun, als sie einfach zu beobachten.

Auf dem Weg, der dahin führt, ohne Ego zu leben lernen wir, wie man loslässt, sich entspannt, Gelegenheiten wahrnimmt, abwartet und sich selbst nie in Selbstzuschreibungen zusammenfasst. Das ist unser Weg, an dem wir täglich weiterarbeiten können, so gut wir es vermögen. Das ist es, was ich mir selbst vorgenommen habe in meinem Bemühen, mich von Pema Chödrön scheiden zu lassen. Es ist eine freundschaftliche Scheidung, eine, die bestimmt eine Weile dauern wird. Aber natürlich will ich kein weiteres Leben damit verschwenden, diese veränderliche, sehr flüchtige, sehr instabile Person so ernst zu nehmen.

17

Unsere Weisheit verändert die Welt

Ob sich Verwirrtheit und Aggressivität global ausbreiten oder Frieden und Harmonie stärker werden, hängt davon ab, welche Einstellung wir als Weltbewohner uns selbst gegenüber haben.

Eine erleuchtete Gesellschaft oder eine friedliche Welt, die der psychischen Gesundheit zuträglich ist, kann es nicht geben, solange die Einzelnen in einem engstirnigen, starren Geist gefangen sind. Aus unserer individuellen Fähigkeit heraus, mit einem aufgeschlossenen Geist und Großherzigkeit – anders ausgedrückt: mit unserem grundlegenden Gutsein – in Kontakt zu kommen, können wir eine Kultur manifestieren, in der die Menschen sowohl für sich selbst Sorge tragen als auch füreinander da sind. Wir können eine Gesellschaft haben, in der wir das Potenzial im jeweils anderen sehen, statt uns gegenseitig als minderwertig oder Versager zu betrachten.

Für die meisten von uns ist das eine fortlaufende Arbeit. Ich sehe vielleicht das grundlegende Gutsein und das Potenzial in vier Menschen, doch dann erwischt mich jemand wirklich auf dem falschen Fuß, und ich denke: »Bei dem bin ich mir nicht so sicher!« Und so traurig es ist, aber manchmal sind Sie selbst die Person, deren grundlegendes Gutsein Sie am meisten anzweifeln.

Ein solches Bild unserer selbst als unzulänglich ist vor allem in unserer Kultur verbreitet. Ich möchte die tibetische Kultur nicht idealisieren, aber eines, das ich gehört und beobachtet habe, ist, dass Tibeter nicht infrage stellen, dass ihre grundlegende Natur gut ist. Wenn zum Beispiel jemand merkt, dass er Neid empfindet, denkt er nicht: »Das bedeutet, dass ich grundsätzlich ein neidischer Mensch bin« oder: »Das beweist, dass ich ein schlechter Mensch bin.« Er sieht es eher als ein vorübergehendes Gewohnheitsmuster, das man ablegen kann. Der Neid muss zwar angegangen werden, aber er ist kein permanenter Bestandteil des Charakters.

Als sich Seine Heiligkeit der Dalai Lama mit buddhistischen Lehrenden aus dem Westen traf, erzählten sie ihm anfangs häufig, dass ihre Schülerinnen und Schüler oft Selbstabwertungen äußerten. Sogar die Lehrenden hatten so manche negative Ansicht über sich selbst. Für den Dalai Lama ergaben solche Äußerungen zunächst einfach keinen Sinn. Ein schlechtes Selbstbild war ihm so, wie er sich selbst und andere sah, völlig fremd. Ein solches Selbstbild war sehr weit entfernt von der offenen und grundsätzlich guten Natur, die, wie er wusste, uns allen innewohnt. Es ergab keinen Sinn, dass Menschen so hart mit sich selbst umgingen, so verurteilend – sogar bis hin zum Selbsthass.

Jemand fragte den Dalai Lama einmal, wie man den Blick auf das grundlegende Gutsein bewahren könne, wenn es so viel Böses auf der Welt gebe. Als Antwort sprach er darüber, dass sehr kleine Kinder fast immer freundlich und rücksichtsvoll, offen und großzügig sind. Das stimmt mit einigen Studien überein, von denen ich gehört habe und die der Frage nachgegangen sind, welche Beziehung Kleinkinder zur Welt haben. Wenn Kleinkindern Bilder von anderen Kindern gezeigt werden, die glücklich sind oder zum Beispiel freundlich mit kleinen Tieren umgehen, dann lächeln und lachen sie. Werden ihnen dagegen Bilder von Unfreundlichkeit gezeigt oder Bilder, wie Kinder verletzt werden, dann sind auch die Kleinkinder unglücklich. Solche Ergebnisse verdeutlichen, dass die menschliche Natur in den ersten Lebensjahren, bevor sich viele starre Vorstellungen festsetzen, grundsätzlich liebevoll ist. Der Dalai Lama erklärte, dass mit zunehmendem Alter sekundäre Ursachen hinzukommen, die unsere liebevolle, offene Natur trüben, so zum Beispiel, wenn wir in die Pubertät kommen: Dann reift ein großer Teil unseres vergangenen Karmas, und zwar auf eine Art und Weise, die oft zu Verwirrung führt. Doch diese Trübungen sind nur vorübergehend, wie Wolken, die an einem klaren Tag aufziehen und das Sonnenlicht nicht hindurchscheinen lassen. Unser grundlegendes Gutsein ist nicht verschwunden, es braucht nicht neu erschaffen zu werden. Wir müssen nur wirksame Methoden anwenden, um es aufzudecken.

Wenn ich daran arbeite, habe ich es immer als sehr hilfreich empfunden, gezielt zu üben, wie ich mit dem grundlegenden Gutsein in Kontakt treten kann. In gewisser Weise soll mir das helfen, mich mit dem unverfälschten offenen Raum zu verbinden, der uns allen immer verfügbar ist. Gleichzeitig geht es aber darum, ganz klar zu erkennen, was uns daran hindert, uns mit der Offenheit unseres Seins zu verbinden. Wir konzentrieren uns also nicht nur auf die Sonne, sondern nehmen auch die Wolken zur Kenntnis, die die Sonne verdunkeln. Wenn wir jedoch versuchen, uns auf unser grundlegendes Gutsein zu konzentrieren, dabei aber das Gefühl haben, dass mit uns grundsätzlich etwas nicht stimmt, dann wird die Praxis ineffektiv sein, und es wird höchstwahrscheinlich nichts dabei herauskommen. Es ist, als würde man an einem trüben, bewölkten Tag aufwachen und sagen, dass die Sonne nicht scheint. Aber natürlich scheint die Sonne immer. Sie ist nie weg. Wir müssen uns mit den Wolken vertraut machen, und wenn wir sie wirklich gut kennen, sehen wir, wie substanzlos sie in Wirklichkeit sind. Sie sind nicht mehr dicht und fest, und wir sehen, dass die Sonne der Weisheit nie aufgehört hat zu scheinen. Diese Klarheit und Wärme stehen uns immer zur Verfügung.

Das Gefühl, dass »etwas grundsätzlich mit mir nicht stimmt«, ist eine der wichtigsten Wolken, mit denen wir uns vertraut machen können. Hier eine hilfreiche Methode: Schließen Sie die Augen und wenden Sie sich nach innen, um zu sehen, ob Sie mit diesem Gefühl der Unzulänglichkeit in Kontakt kommen können. Manchmal hilft es, sich an eine Gelegenheit zu erinnern, bei der sich dieses Gefühl stark bemerkbar gemacht hat. Etwas ist passiert oder wurde gesagt, das Ihre Gewohnheit getriggert hat, sich selbst als schlecht anzusehen. Sich diese Gelegenheit wieder in Erinnerung zu rufen, kann Ihnen helfen, mit dem Gefühl in Kontakt zu kommen.

Stellen Sie sich jetzt ein paar Fragen. Die erste lautet: »Hängt dieses Gefühl von einem inneren Dialog, von einer ›Geschichte‹, einer ›Storyline‹ ab?« Mit anderen Worten: Wenn Sie hinter die Worte der Geschichte blicken, ist das Gefühl dann immer noch da? Und die zweite Frage lautet: »Was würde es für mich persönlich bedeuten, dieses Gefühl freundlich anzunehmen? Was würde es für mich bedeuten, es einfach so sein zu lassen?«

Die erste Frage ist wichtig, denn wenn wir uns nicht bemühen, hinter die Worte zu blicken, tendiert der Dialog dazu, sich immer weiter fortzusetzen, eine Lösung zu fordern oder dafür zu sorgen, dass wir noch schlechter von uns denken. Wir versuchen daher, die Sache einfach zu halten, ohne das ganze Drumherum, ohne das Feuer noch weiter dadurch zu schüren, dass wir die Geschichte weiter eskalieren lassen.

Es kann alles viel einfacher werden, aber ist das Gefühl dann noch da? Ich erinnere mich, dass ich bei meinen anfänglichen Versuchen mit dieser Praxis noch glaubte, wenn ich die Storyline aufgäbe, sei nichts dahinter. Es war eine ziemlich große Einsicht, als ich herausfand, dass das negative Gefühl tatsächlich noch da war, auch ohne all die Worte. Es war da, aber in einer präverbalen Form. Wenn ich dieses Gefühl zum Beispiel weckte, indem ich daran dachte, was jemand zu mir gesagt hatte, dann war da – selbst wenn ich hinter meinen inneren Dialog blickte – immer noch eine Art präverbaler negativer Energie, die ich spüren konnte.

Sobald Sie mit diesem präverbalen Gefühl oder dieser Energie in Kontakt gekommen sind, besteht der nächste Schritt darin, an diesem Punkt zu bleiben, ohne das Gefühl weiterzuverfolgen, und es sanft anzusehen. Mir gefällt die Formulierung »Was würde es für mich persönlich bedeuten, dieses Gefühl voll und ganz zu akzeptieren; es nicht abzulehnen, sondern anzunehmen?« Das ist etwas, was wir selbst für uns herausfinden müssen. Ein Lehrer oder ein Buch kann Ihnen raten, etwas zu akzeptieren oder es sein zu lassen, und das mag Ihnen theoretisch sinnvoll erscheinen – aber wie setzen Sie es eigentlich in die Tat um? Für mich liegt der Weg zur Akzeptanz in diesem Shambhala-Spruch: »Leg den furchtsamen Geist in die Wiege der liebenden Güte.« Mit anderen Worten: Seien Sie freundlich zu sich selbst.

Man kann nicht gleichzeitig freundlich und verurteilend sein. Wenn Sie eine gute Freundin haben, kennen Sie wahrscheinlich all ihre Eigenheiten. Sie haben vermutlich einige Ideen, wie sie glücklicher sein könnte, würde sie nur einige Dinge etwas anders anpacken. Aber wenn Sie sie auf ihre Probleme ansprechen, dann weder grob noch kritisch. Sie reden nicht deswegen mit ihr, weil Sie denken, etwas sei mit ihr grundsätzlich nicht in Ordnung. Sie tun es aus Fürsorge, weil Sie denken, dass sie dadurch die Situation besser einschätzen kann und es ihr hilft, ihre negativen Gewohnheiten zu überwinden. Und wenn die Freundin Ihren Standpunkt nachvollziehen kann, ist es zwar trotzdem möglich, dass sie Sie zurückweist, aber unter der Oberfläche stehen die Chancen gut, dass sie das, was Sie sagen, zu schätzen weiß.

Einen solchen freundlichen Umgang mit uns und unseren unangenehmen Gefühlen können wir allmählich lernen. Er ermöglicht uns, so lange bei dem Gefühl hinter den Worten zu bleiben, bis wir damit vertraut sind. Die präverbale Energie bleibt zwar möglicherweise bestehen, aber wir entwickeln eine andere Beziehung zu ihr. Sie wird nicht automatisch zu »etwas stimmt nicht mit mir« und dem gesamten inneren Gespräch, das sich daraus ergibt.

Etwas anzunehmen ist übrigens nicht gleichbedeutend damit, es zu *mögen*. Ein Gefühl annehmen, das wir normalerweise mit Unbehagen assoziieren, bedeutet nicht, dass wir sofort ins Gegenteil verfallen und es genießen. Es bedeutet, es als Teil des menschlichen Lebens hinzunehmen, weil es nun einmal dazugehört. Es bedeutet, dass wir verstehen: Wenn wir vollständig erwachte Menschen werden wollen, müssen wir lernen, vor menschlichen Erfahrungen generell nicht zurückzuschrecken und sie nicht abzulehnen – ebenso, wie man das Wetter akzeptiert. Wir haben es vielleicht lieber sonnig als regnerisch oder ziehen das Frühjahr dem Winter vor, aber grundsätzlich akzeptieren wir das Wetter und die Jahreszeiten.

Was mich betrifft, so habe ich mir vorgenommen, mich immer wieder darauf aufmerksam zu machen, wie ich mich selbst und andere betrachte. Zunächst bringe ich mich mit dem Gefühl in Kontakt, etwas sei mit mir nicht in Ordnung, und dann fasse ich die Absicht, an der Auflösung des Gefühls zu arbeiten, indem ich es sanft betrachte. Irgendwann werde ich dann gelernt haben, wie ich das Gefühl einfach sein lassen kann. Wenn wir alle – jeder Einzelne von uns – die Art und Weise, wie wir uns selbst betrachten, ändern, begründet das eine Kultur von Menschen, die weder sich selbst noch andere aufgeben. Und das brauchen wir mit Sicherheit heutzutage mehr denn je.

Ich denke, man kann sogar mit Fug und Recht sagen, dass unsere eigene Haltung uns selbst gegenüber die Zukunft der Welt bestimmt. Ob sich Verwirrtheit und Aggression global ausbreiten oder Frieden und Harmonie stärker werden, hängt davon ab, welche Einstellung wir als Weltbewohner uns selbst gegenüber haben.

Trungpa Rinpoche hat hervorgehoben, dass wir an einem Scheideweg stehen. Wie wir sehen, gibt es überall auf der Welt sehr viel Gewalt, Polarisierung, Umweltzerstörung und Leiden. Die Dinge sind, wie es scheint, außer Kontrolle geraten. Wir können auf diese Situation entweder mit Angst, Aggression und Egoismus reagieren, oder aber wir können bewusst damit umgehen, im Vertrauen auf unseren Geist, der weit, offen und grundlegend gut ist, sich durch zeitloses Gewahrsein auszeichnet und leer von zugeschriebenen Bedeutungen ist. Durch unsere individuelle Reaktion wird der Weg festgelegt, den die Welt gehen wird. Als Bürger unserer Welt können wir also dazu beitragen, dass sie die Richtung der Weisheit, der Fürsorge und des Mitgefühls einschlagen wird.

18

Das Unwillkommene mit einem Lachen willkommen heißen

Humor verleiht dem spirituellen Weg mehr Leichtigkeit und sorgt dafür, dass er nicht zu einer Bürde wird. Er macht uns offener, sodass wir tiefer in die Lehren vordringen können und uns nicht auf das fixieren, was sie unserer Auffassung nach bedeuten.

Vor einigen Jahren war ich bei meinem Sohn Edward und seiner Familie zu Besuch. Ich saß gerade im Esszimmer, als mir auffiel, dass ich meine Trinkflasche verlegt hatte. Wie meine Freunde und Familie Ihnen sagen würden, neige ich dazu, mich über geringfügigste Kleinigkeiten zu ärgern und mich hineinzusteigern. Also begann ich überall zu suchen, wie eine kleine Maus. »Ist sie hier drunter? Liegt sie hier drauf? Ist sie in dieser Tasche? Wo ist sie nur? Wo ist sie nur? Oh, ich glaube, ich habe sie im Einkaufszentrum vergessen! Können wir im Einkaufszentrum anrufen?«

Mein Sohn hatte gerade sein erstes buddhistisches Buch gelesen, weil seine Tochter es ihm gegeben hatte. Als er mein neurotisches Verhalten beobachtete, das mir nicht wirklich bewusst war, nahm er die Gelegenheit wahr, sich über seine Mutter, die buddhistische Nonne, lustig zu machen. Er sagte zu seinem Sohn Pete, der damals etwa zwölf Jahre alt war: »Siehst du, was Oma da tut? Sie leidet. Und weißt du, warum sie leidet, Pete? Weil sie an der Wasserflasche anhaftet. Wenn sie einfach nicht mehr an der Wasserflasche anhaften würde, bräuchte sie nicht mehr zu leiden.«

Ich sagte: »Pete, das hat dein Vater ganz richtig verstanden!«

Der Humor meines Sohnes hat meine Gewohnheit wirkungsvoll durchbrochen. Genau in diesem Moment hörte ich auf, mich zu sorgen. Ich sagte: »Wisst ihr, wen kümmert es schon, ob ich diese Wasserflasche finde? Ich möchte mit dem Gewohnheitsmuster arbeiten, dass ich mich ärgere.« Und alle in der Familie jubelten. Selbst heute noch erinnere ich mich oft an diesen Vorfall, wenn ich mich in etwas hineinsteigere. Einmal richtig über mich selbst zu lachen hilft mir, die Sache fallen zu lassen.

Alle meine Lehrer hatten einen großartigen Sinn für Humor und schätzten ihn als wichtigen Teil des spirituellen Weges. Er ist ein zentraler Bestandteil dessen, dass wir uns selbst freundlich behandeln. Viele von uns gehen durch den Alltag und werden von Gefühlen der Unzulänglichkeit geplagt. Wir denken, mit uns sei etwas grundlegend nicht in Ordnung. Einige Menschen reagieren auf dieses Gefühl, indem sie sich die ganze Zeit mit etwas beschäftigen – hektisch hasten sie umher und stehen dabei unter großem Stress. Einige betäuben sich mit Substanzen oder nutzen andere Formen der Flucht aus der Realität. Einige werden einfach sehr mürrisch. Doch all das sind Wege, um dem schrecklichen Gefühl zu entkommen, dass irgendetwas an uns nicht okay ist. Wenn wir dagegen über uns selbst lachen, werden all unsere schrecklichen Makel weniger gewichtig und schlimm.

Ich habe einen Freund, der mir manchmal humorvolle Postkarten mit spirituellen Themen schickt. Eine davon zeigt einen wütenden kahlköpfigen Mann in buddhistischer Mönchsrobe, der einen anderen buddhistischen Mönch würgt. Die Bildunterschrift lautet: »Hast du einen Unbuddha-Moment?« Auf einer anderen ist eine Frau zu sehen, die in der Halblotosposition sitzt. Die Bildunterschrift lautet: »Hier sitze ich, vollkommen entwickelt und eins mit allem Leben … und bin so mitfühlend, dass ich blöde Leute nicht verurteile.«

Das sind Gedanken, die kein »richtiger Buddhist« haben sollte. Es ist sehr unbuddha-artig, sich heimlich zu freuen, wenn Ihr Freund versagt, oder auf Komplimente aus zu sein oder sich wegen einer Wasserflasche verrückt zu machen. Wir fühlen uns vielleicht so, als wären wir der Einzige unter unseren spirituellen Mitpraktizierenden, der arrogante, lustvoll-gierige oder pessimistische Gefühle hat. Jarvis Masters hat mir gesagt, dass es ihm nicht gefällt, wenn Geistliche und andere Helfer – ob buddhistisch oder nicht – mit einem breiten Lächeln ins Gefängnis kommen, über Tugend und Ethik predigen und immer das Positive sehen. »Ich habe dann das Gefühl: Bin ich denn der Einzige, der hier auch mal einen schlechten Gedanken hat?«

Doch solche »schlechten Gedanken« geben uns eine perfekte Gelegenheit, über uns selbst zu lachen. Selbst wenn wir jeden Tag aufrichtig danach streben, zum Wohl aller fühlenden Wesen zu erwachen, können immer noch unzählige gewohnheitsmäßige Gedanken im Geist aufkommen. Eigentlich könnten fast alle von uns ein eigenes Buch mit Unbuddha-Cartoons füllen. Doch ohne Humor ist es schwierig, geduldig und widerstandsfähig genug zu sein, um dem stetigen Strom der leidvollen, anklagenden Gedanken und Gefühle entgegenzutreten, die aufkommen. Wir fühlen uns, als wären wir von Feinden umgeben: von unseren kleinlichen Wünschen, unseren unvermuteten Vorurteilen, unseren ständigen Klagen. Wenn wir uns stattdessen selbst nicht ganz so ernst nehmen, können wir diese unerwünschten geistigen Phänomene als alte Freunde betrachten. Wenn Sie von einer Wasserflasche besessen sind, können Sie einfach denken: »Da bist du ja wieder, mein guter alter Freund, der neurotische Ärger.«

Die Fähigkeit, über uns selbst zu lachen, verbindet uns mit unserer Menschlichkeit. Dadurch können wir wiederum besser mit anderen in Kontakt treten und uns in sie einfühlen. Wir erkennen, dass wir alle auf einer grundlegenden Ebene gleich sind. Uns allen ist unser innewohnendes Gutsein zu eigen, aber wir haben auch viele lästige und neurotische Gewohnheiten. Wenn wir uns wegen unserer Schwächen verachten und kritisieren, dann verachten und kritisieren wir unweigerlich auch andere. Wertschätzen wir uns dagegen so, wie wir sind, ohne zu urteilen, ist es viel leichter, dasselbe auch in Bezug auf andere zu tun. Dann ergibt es sich ganz natürlich, dass wir anderen das Beste wünschen und daran arbeiten wollen, zu ihrem Wohl zu erwachen. Darum gilt Humor als eines der unverzichtbaren Merkmale des spirituellen Weges.

Humor verleiht dem spirituellen Weg mehr Leichtigkeit und sorgt dafür, dass er nicht zu einer Bürde wird. Er macht uns offener, sodass wir tiefer in die Lehren vordringen können und uns nicht auf das fixieren, was sie *unserer Auffassung nach* bedeuten. Zum Beispiel warnen buddhistische Lehrer oft davor, Zeit zu verschwenden. Es gibt viele Betrachtungen darüber, wie selten und kostbar es ist, ein menschliches Leben zu erlangen und Gelegenheit zu haben, den Dharma zu praktizieren. Doch wenn Sie ohne Humor an dieses Thema herangehen, quält Sie wahrscheinlich bald schon der Umstand, dass Sie es regelmäßig vermasseln. Vielleicht gehen Sie dann zu einer Party und sind so krampfhaft darauf bedacht, Ihre Achtsamkeit aufrechtzuerhalten, dass Sie sich den Menschen um Sie herum verschließen. Sie bemühen sich so ernsthaft darum, auf keinen Fall leichtfertig zu sein, dass Sie mit der Zeit auf andere herabsehen. Doch wenn Sie wirklich vermeiden wollen, Lebenszeit zu verschwenden, dann liegt der Schlüssel in der richtigen Balance, die auch Humor mit einschließt. Man bemüht sich zwar umgehend, sobald man in emotionale Reaktivität verfällt, bewahrt sich dabei aber Leichtigkeit und Verspieltheit.

Hierzu gibt es den berühmten Rat des Buddha, man solle stets versuchen, »nicht zu straff und nicht zu locker« zu sein, wie eine Saite. Es bedarf einer gewissen geistigen Flexibilität, um die verschiedenen Lebenssituationen zu durchschiffen, ohne in eines dieser Extreme zu verfallen. Der Hauptbestandteil dieser Flexibilität ist Humor. Sinn für Humor zu haben bedeutet, man ist offen dafür, dass sich Dinge spontan ereignen. Man hat keine starren Vorstellungen, wie alles laufen sollte und wie man selbst zu sein hat. Tatsächlich ist es oft sehr lustig, wenn man versucht, etwas in eine bestimmte Richtung zu lenken, und es entwickelt sich dann aber in eine völlig andere Richtung. Es ist, als würde man versuchen, ein Zimmer beige anzustreichen, und am Ende ist es rosa.

Trungpa Rinpoche setzte manchmal Humor als Mittel ein, damit wir leichter die Verbindung zu unserem offenen Gewahrsein herstellen konnten. Bei einer seiner Unterweisungen erzählte er einen Witz, den alle schon zur Genüge kannten. Es war einer dieser »Papst und Rabbi«-Witze. Aber Rinpoche schaffte es, ihn so lange hinauszuzögern, dass er fast anderthalb Stunden dauerte. Es war so komisch, dass wir uns alle wünschten, er möge aufhören, weil unsere Rippen vor lauter Lachen wehtaten. Und dann hörte er auf und verweilte einfach in offenem Gewahrsein. Alle waren jetzt so locker und entspannt, dass sie sich ihm ganz natürlich in dieser elementaren Weiträumigkeit und Klarheit anschließen konnten. Wenn der Geist von herzlichem Humor erfüllt ist, sind wir in Kontakt mit dem Besten in uns.

19

Von unseren Lehrern lernen

Echte Lehrer zeigen uns, wie es ist, wenn man über den starren Geist hinausgeht, nicht polarisiert und mit Freude im Zustand der Bodenlosigkeit lebt. Sie haben vielleicht noch ein Stück ihres eigenen Weges vor sich, sind aber schon weit gekommen, haben ihre falschen samsarischen Bequemlichkeiten losgelassen und ihre gewohnten Verhaltensmuster und Reaktionen überwunden.

Wie wir alle wissen, aber manchmal vergessen, ist es sehr wichtig, welchen Umgang wir pflegen. In seinen *37 Übungen eines Bodhisattvas* spricht Thogme Sangpo in zwei Strophen über diesen Punkt. In der ersten geht es darum, negative Einflüsse zu vermeiden: »In Gegenwart schlechter Freunde nehmen die drei Geistesgifte zu. Die Aktivitäten des Studierens, Nachdenkens und Meditierens nehmen ab. Infolgedessen gehen Liebe und Mitgefühl verloren. Schlechte Freunde aufzugeben ist Praxis des Bodhisattva.«[10]

Unter »Geistesgifte« versteht er Emotionen wie Zorn, Neid und obsessives Verlangen. Bestimmte Freunde und Situationen schüren solche Emotionen. Wenn Sie zum Beispiel daran arbeiten, eine Alkohol- oder Drogenabhängigkeit zu überwinden, verringert die Anwesenheit von Menschen, die solchen Substanzen zusprechen, Ihre Chancen, dass Sie es schaffen. Oder Sie wollen vielleicht Ihre negative Sicht auf Menschen abbauen – dann sollten Sie besser keine Zeit mit Ihrem Freund verbringen, der ein Misanthrop ist. Oder wenn Sie, so wie ich es in einem vorherigen Kapitel beschrieben habe, eine Freundin haben, mit der Sie gern tratschen, dann sollten Sie sich lieber einigen, damit aufzuhören.

Bei »schlechte Freunde« hat man vielleicht ein monströses Bild wie Darth Vader vor Augen, doch der Vers spricht nur davon, wie leicht wir uns ablenken, zu etwas verleiten oder verführen lassen. Wenn wir mit bestimmten Menschen zusammen oder in einer bestimmten Situation sind, kommt uns unser Gespür abhanden, was wir tun sollten und was nicht. Sämtliche kluge Worte, die wir jemals gehört und verstanden haben, werden dann wirkungslos und können unseren Geist nicht mehr beeinflussen. Wir vergessen, wie kostbar dieses Leben ist, in dem wir Zugang zu so vielen Lehren und Methoden haben, um zu erwachen. Wenn wir zu viel Zeit mit falschen Einflüssen verbringen, verlieren wir unsere Fähigkeit, mit unverstellt roher, unangenehmer Energie zu sitzen. Wir werden selbstbezogener, engstirniger und negativer. Wir haben immer mehr Schwierigkeiten, unser grundlegendes Gutsein und das der anderen zu sehen.

Die nächste Strophe der *37 Übungen eines Bodhisattvas* spricht von einer Beziehung, die das Gegenteil bewirken soll. Es ist die Beziehung zu einem spirituellen Lehrer oder einem spirituellen Freund: »Wenn man sich auf einen spirituellen Freund stützt, nehmen Fehler ab. Das Wissen wächst an wie der zunehmende Mond. Den spirituellen Freund höher zu schätzen als den eigenen Körper ist Praxis des Bodhisattva.«[11]

Einige Menschen fördern ganz natürlich das Beste in uns zutage. In ihrer Gegenwart werden wir großherziger, mutiger und selbstloser. Wir sind weniger zynisch und kleinlich und haben weniger Selbstzweifel. Die meisten von uns kennen wahrscheinlich mehrere Menschen, die eine solche Wirkung auf sie haben, und in der buddhistischen Linie, der ich seit vielen Jahren angehöre, steht der spirituelle Freund bzw. Lehrer beispielhaft für diese Rolle. Ich bringe meinen Lehrern, allen voran Chögyam Trungpa Rinpoche, so große Wertschätzung entgegen, weil sie mir mein Potenzial zeigen und vorleben konnten. Es ist, als begegnete man einem Teil von sich selbst, von dem man noch nicht einmal wusste, dass er da war.

Bevor ich Trungpa Rinpoche begegnete, hatte ich keine Ahnung, dass ich an festen Ideen, Benennungen und zugeschriebenen Bedeutungen festhielt. Ich wusste gar nicht, dass ich mich ständig gegen das sträubte, was ist, und wie ich lernen konnte, diesen Widerstand zu lockern und allmählich im freien, offenen Raum der Ichlosigkeit zu leben. Und ich hatte keine Ahnung, dass mein Geist und mein Herz das Potenzial hatten zu erwachen, sich zunehmend mit allen Lebewesen verbunden zu fühlen und sich um sie zu bekümmern.

Echte Lehrer zeigen uns, wie es ist, wenn man über den starren Geist hinausgeht, nicht polarisiert und mit Freude im Zustand der Bodenlosigkeit lebt. Diese Lehrer haben vielleicht noch ein Stück ihres eigenen Weges vor sich, sind aber schon weit gekommen, haben ihre falschen samsarischen Bequemlichkeiten losgelassen und ihre gewohnten Verhaltensmuster und Reaktionen überwunden. Sie machen zwar immer noch Erfahrungen der Wut oder Unsicherheit, aber diese Emotionen werfen sie nicht völlig aus der Bahn. Sie sind in der Lage, voll präsent zu bleiben, mit einem offenen, stets neuen und frischen unvoreingenommenen Geist. In ihrer Gegenwart erleben auch wir diesen offenen Geist. Wir fühlen uns inspiriert, das Beste aus unserem Leben zu machen.

Wenn Sie auf den weit offenen Geist des Lehrers, der Lehrerin treffen, tritt dieser mit der offenen Weite Ihres eigenen Geistes in Resonanz. Sie sehen, dass in Wirklichkeit kein wesentlicher Unterschied zwischen Ihrem Gewahrsein und dem des Lehrers besteht. Und Sie sehen, dass auch Sie dasselbe erreichen können wie die Lehrer, weil wir alle anfangs vom selben Punkt ausgehen mussten: als verwirrte, reaktive, aber grundsätzlich gute Menschen. Anhand von Anleitungen und Beispielen zeigen uns solche Lehrer, dass es möglich ist.

Die Vajrayana-Tradition, der Trungpa Rinpoche und meine anderen Hauptlehrer angehören, legt einen besonderen Schwerpunkt auf die Lehrer-Schüler-Beziehung. Infolgedessen kann es dazu kommen, dass eine Art mystisches Gefühl um einen Lehrer herum entsteht, was bisweilen dazu führt, dass Menschen fast verzweifelt nach einer geeigneten Person suchen. »Ist das mein Lehrer? Ist das meine Lehrerin? Die hier wirkt wirklich gut. Ich mag die Lehren dieser Person. Sie ergeben für mich wirklich Sinn. Also *muss* diese Person einfach mein Lehrer sein.«

Meiner Erfahrung nach ist jedoch – zumindest im Vajrayana – das Wichtigste bei der Suche nach einem Lehrer die Herzensverbindung. Man könnte es damit vergleichen, sich zu verlieben. Manche, die nach Liebe suchen, erstellen eine Liste aller Anforderungen und suchen dann nach einem Partner, der diesen Anforderungen entspricht. Aber wenn man jemanden findet, der auf dem Papier gut wirkt, führt das in der Regel nicht dazu, sich wirklich tief zu verlieben. Dementsprechend gilt: Auch wenn es sicherlich bestimmte Anforderungen an spirituelle Lehrende gibt – zum Beispiel, dass sie ein tiefes Verständnis der Lehren haben und stets das Beste für Sie wollen –, reicht es nicht, eine Liste abzuhaken, um eine tiefe Herzverbindung zu entdecken.

So wie sich Menschen auf viele verschiedene Arten verlieben, gibt es auch viele verschiedene Möglichkeiten, einen spirituellen Lehrer oder eine Lehrerin zu treffen und eine Verbindung aufzubauen. Die Geschichte, wie ich eine Beziehung zu Trungpa Rinpoche aufgebaut habe, zeigt, dass es diesbezüglich keine Formel gibt. Ich habe zwar persönlich eine Resonanz zu Rinpoche bemerkt, aber was ich in seiner Gegenwart empfand, entsprach nicht genau dem, was ich – so dachte ich – bei »meinem Lehrer« empfinden sollte. In einigen Texten ist die Rede davon, dass einem die Haare zu Berge stehen und Tränen über das Gesicht strömen. Das ist bei mir nicht passiert. Außerdem fand ich ihn so einschüchternd. Ich fragte mich oft, ob er wirklich *der* Lehrer für mich war.

Irgendwann brachte Trungpa Rinpoche Seine Heiligkeit den 16. Karmapa in die Vereinigten Staaten. Ich sah Seine Heiligkeit – einen großen Mann in Brokatkleidung, beeindruckend und ehrfurchtgebietend – auf dem Thron sitzen. Und tatsächlich liefen mir Tränen über die Wangen, ich hatte das Gefühl, Feuer und Flamme zu sein – das volle Programm. Dann bat ich um ein Gespräch mit ihm. Er hatte eine tiefe Präsenz, aber als ich ihm eine typisch westliche Frage stellte, erläuterte er etwas aus einem traditionellen Text, was ich nicht verstand. Trungpa Rinpoche hingegen war sehr geschickt in der Arbeit mit meinem westlichen Geist. Er sah, wer ich war und wo es bei mir hakte, und er hatte eine unglaubliche Art, zum Kern der Sache vorzudringen und meine Neurosen mit seinen Antworten zu kappen. Ich fragte mich: »Was nun? Der eine kann meine Fragen beantworten, aber mir kommen keine Tränen. Bei dem anderen habe ich zwar die Tränen, aber ich verstehe seine Antworten nicht. Was soll ich jetzt tun?«

Da ich in Boulder, Colorado, wohnte, wo auch Trungpa Rinpoche lebte, war es für mich selbstverständlich, Teil seines Sangha zu sein und die Übungen zu machen, die er uns gab. Aber da ich immer noch unschlüssig war, ob ich mich voll und ganz dazu verpflichten sollte, seine Schülerin zu sein, beschloss ich, ihn besser kennenzulernen. Schüler haben jeweils unterschiedliche Bedürfnisse. Mir war es wichtig zu sehen, wie mein Lehrer war, und zwar nicht nur auf einer Bühne vor Publikum, sondern auch auf einer gewöhnlicheren Alltagsebene.

Ich musste nach einem Weg suchen, ihn zu erleben, und schließlich wurde mir die Verantwortung übertragen, mich um seine Altäre zu kümmern. Er hatte einen im Wohnzimmer vor seinem Schlafzimmer und einen weiteren unten im Haus, und er zeigte mir persönlich, wie man sie versorgte. Ich fand ihn beim Frühstücken immer noch genauso Furcht einflößend und einschüchternd wie wenn er lehrte, aber ich sah auch Dinge an ihm, die bewirkten, dass ich mich in ihn »verliebte« und ihm völlig vertraute. Ich sah, dass er alles dafür tat, damit die Schüler erwachten, und dass er nie jemanden aufgab. Ich sah, dass er sich voll und ganz der Erleuchtung aller verschrieben hatte – das war alles, worum es ihm ging. Ich sah, wie selbstlos er seine Schüler liebte. Dadurch, dass ich all das beobachtete, überwand ich schließlich all meine Zweifel und Vorbehalte. Das ist die Geschichte meines persönlichen Weges, wie ich eine Herzensverbindung mit meinem Lehrer herstellte.

Thogme Sangpos Vers besagt zwar, dass unsere »Fehler abnehmen«, aber wenn man mit einem Lehrer zusammenarbeitet, ist es meiner Erfahrung nach so, dass die eigenen

Mängel scheinbar noch größer werden. Es ist, als hätte man schon immer Pickel im ganzen Gesicht gehabt, es aber nie gemerkt, weil man keinen Spiegel hatte. Nicht, dass meine Lehrer mich kritisieren wollten, aber dadurch, dass sie mir Dinge widerspiegelten, sorgten sie dafür, dass mir alles sehr klar wurde. Und weil man die eigenen Lehrer bewundert, will man vor ihnen besonders gut aussehen, also wünscht man sich, man hätte weniger Pickel in ihrer Gegenwart. Doch nach einer Weile merkt man, dass alle Versuche, gut auszusehen, nicht funktionieren, und gibt sie einfach auf. Man kommt einfach so, wie man ist. Und dann wird einem klar, dass der Lehrer einen die ganze Zeit genau dazu ermutigt hat: Verstecke nichts und komm so, wie du bist.

Spirituelle Lehrer müssen sich unser Vertrauen verdienen. Alle traditionellen Lehren empfehlen, sie sorgfältig zu prüfen und nach bestem Vermögen festzustellen, ob ihre einzige Motivation darin besteht, uns zu helfen zu erwachen. Doch selbst wenn das gegeben ist, können die Lehrer nur helfen, wenn wir ihnen vertrauen. Dann können sie Wunderbares vollbringen, so zum Beispiel, uns direkt zu einer Erfahrung der Leerheit führen. Im Vajrayana gibt der Lehrer sogenannte »Einführungen in die Natur des Geistes«, die an die Erfahrung des »Geistes an sich« heranführen – den Geist des offenen Gewahrseins, den jeder von uns bereits hat, aber normalerweise nicht erkennen kann. Es kann eine ähnliche Erfahrung sein wie die, die sich einstellt, wenn sich viele Menschen in einem Raum gleichzeitig auf die Oberschenkel schlagen, ist aber besonders wirksam in

Anwesenheit des Lehrers. Lehrer verwenden verschiedene Methoden, um den Geist ihrer Schüler zu stoppen, sodass sie die Erfahrung einer erweiterten Lücke in ihrem Denk- und Benennungsprozess machen. In diesem Raum kommt es zu viel Einsicht in die wahre Natur der Dinge, und es wird erkennbar, wie sehr man normalerweise in den Gewohnheitsmustern des Geistes gefangen ist.

Was mich betrifft, ist es so: Wenn ich mit meinen Lehrern zusammen bin, kann ich mein offenes Gewahrsein einfach dadurch spüren, dass ich in ihrer Gegenwart bin. Das kann sogar schon geschehen, wenn ich nur an sie denke oder mir ihr Gesicht vorstelle. Weil sie in dem weiten, leeren Raum jenseits von Gedanken und Benennungen verweilen, kann ich, wenn ich offen für sie bin, mit ihnen in diesem Raum sein. Ich bin eingeladen, mich ihnen in dieser heiligen, mitfühlenden Atmosphäre anzuschließen, die weder ihnen noch mir gehört.

Ich erinnere mich daran, wie ich einmal auf ein Gespräch mit Trungpa Rinpoche wartete. Tränenüberströmt saß ich vor seinem Zimmer und war sehr aufgewühlt. Doch als ich hineinging und mich vor ihn setzte, trat ich in den grenzenlosen Raum des Gewahrseins ein, in dem er stets war. Es geschah so plötzlich, dass ich verzweifelt versuchte, die Tränen erneut zum Fließen zu bringen, um ihn davon zu überzeugen, wie schrecklich alles war. Als ich es schließlich schaffte, mich erneut in einen aufgewühlten Zustand zu versetzen, gähnte er und blickte aus dem Fenster! Das tat zwar wirklich weh, doch es stoppte meinen Geist ganz und gar. All meine Neigungen waren noch stark vorhanden, aber in all dem Raum hatten sie nichts, wo sie hängen bleiben konnten. Es war genauso, wie Trungpa Rinpoche zu sagen pflegte: »Wenn dein Geist weit ist, sind Gedanken wie Moskitos, die herumschwirren und nirgendwo landen können.«

In vielen Situationen gibt es jedoch keine Möglichkeit, mit einem Lehrer so nah in Kontakt zu kommen, wie es mir bei Trungpa Rinpoche möglich war. Der Lehrer, die Lehrerin, kann weit weg wohnen oder so viele Schüler haben, dass er oder sie deren individuelle Besonderheiten – oder sogar ihre Namen – nicht kennt. Schüler stellen sich oft die Frage, ob solche Umstände es ihnen nicht unmöglich machen, vom Lehrer-Schüler-Verhältnis zu profitieren. Sind sie zu weit vom Feuer entfernt, um Wärme zu empfangen?

Meinem Empfinden nach ist es so: Egal wie viel Kontakt Sie mit einem echten Lehrer oder einer Lehrerin haben, wenn Sie sich zu Herzen nehmen, was er oder sie lehrt, dann kann das ausreichen, um Ihr ganzes Leben in einen Pfad des Erwachens zu verwandeln. Wenn das, was Ihnen gesagt wird, für Sie wirklich wahr klingt, werden Sie Möglichkeiten finden, überall zu üben. Ich verschütte Tinte auf meinen Lieblingsmantel – Gelegenheit zum Üben. Das Verhalten anderer Schüler macht mich verrückt, und ich bin voller Kritik und Abneigung – Gelegenheit zum Üben.

Eine Freundin von mir hat eine starke Phobie und kann sich kaum in engen Räumen aufhalten. Sie war gerade in einem buddhistischen Zentrum und wurde von einem anderen Schüler, der nichts von ihrer Phobie wusste, gebeten, beim Saubermachen der Wasserzisterne mitzuhelfen. Dabei musste man in einen kleinen, dunklen Raum hinabsteigen und die schleimigen, klebrigen Wände der Zisterne reinigen. Natürlich sagte sie zunächst »Auf gar keinen Fall« und erklärte ihm ihre Phobie. Doch in der folgenden halben Stunde beschloss diese mutige Frau, dass sie sich ihren Ängsten stellen wollte, statt vor ihnen davonzulaufen, und stimmte zu, zwei weitere Schüler in diesen dunklen, engen Raum zu begleiten. Sie fühlte sich zwar ganz und gar nicht wohl, arbeitete aber dadurch an einigen ihrer tiefsten Ängste. Seitdem sagt sie jedes Mal, wenn bei ihr Ängste aufkommen, die Situation sei eine »Gelegenheit zur Zisternenpraxis«, eine Gelegenheit, die Lehren zu beherzigen und anzuwenden.

Jede Herausforderung ist eine Gelegenheit für spirituelles Wachstum, sei es ein kleines Ärgernis, sei es, dass alles, so wie wir es bisher kennen, zusammenbricht. Vielleicht liegt die ultimative Herausforderung vieler Schüler darin herauszufinden, dass der Lehrer ihr Vertrauen missbraucht hat. Das geschieht leider viel zu oft in spirituellen Gemeinschaften. Scheinbar aus dem Nichts wird der allzu menschliche Aspekt des Lehrers mit allen unangenehmen Details enthüllt.

Sie haben sich vielleicht gerade erst für diesen Lehrer erwärmt oder schon tiefe Liebe und Respekt für ihn entwickelt – und plötzlich wird Ihre Welt auf den Kopf gestellt. Dann ist, wie es so schön heißt, seine »Schattenseite« aufgedeckt worden.

Was dann? Klammern Sie sich daran, dass »er nichts falsch machen kann«? Oder verfallen Sie ins andere Extrem und lehnen ihn völlig ab? Ob man die spirituelle Gemeinschaft und den Lehrer verlassen soll, ist eine wirklich schwierige und sehr persönliche Entscheidung. Für mich ist jedoch die Entscheidung, ob man Herz und Geist verschließen oder offen und verletzlich bleiben soll, das Wichtigste. Viele haben ihre Lehrer verlassen, weil sie ein bestimmtes Verhalten nicht hinnehmen konnten, haben dabei aber stets ihre Freundlichkeit in Erinnerung behalten und weiterhin das wertgeschätzt, was sie von ihnen gelernt hatten.

Wie man sich in Zeiten wie diesen einen nicht fixierten Geist und ein sanftes Herz bewahrt, wird für die Schüler zu einem Koan. Vielleicht stellen sie fest, dass dies die größte Lehre ihres Lebens ist, oder sie erkennen, dass es für sie Zeit ist zu gehen. In beiden Fällen besteht die Herausforderung darin, sich genug geistigen Klarblick zu bewahren, um zu sehen, dass Schaden angerichtet wurde, aber offen genug zu bleiben, um einem Menschen – jedem Menschen – zu ermöglichen, aus seinen Fehlern zu lernen und sich weiterzuentwickeln. Normalerweise wollen wir eindeutige Ergebnisse und Schlussfolgerungen, die entweder richtig oder falsch sind. Wenn wir jedoch zulassen, dass sich das Leben frei von unseren Werturteilen entfaltet, kann es sehr überraschende, unerwartete Wendungen nehmen und wird uns immer viel lehren.

Aber ist es überhaupt möglich, »Ich dulde dieses Verhalten nicht« oder »Ich bin wütend und fühle mich verraten« gleichzeitig mit »Diese Person liegt mir am Herzen« aufrechtzuerhalten? Das ist eine wichtige Frage. Es ist, als hätte ein guter Freund oder ein geliebtes Familienmitglied etwas Schlimmes getan. Manchmal wenden wir uns gegen sie und wollen nichts mehr mit ihnen zu tun haben. Überraschend finden etliche Betroffene jedoch irgendwie einen Weg, das Verhalten zwar nicht zu billigen oder weiter zu ermöglichen, aber der Person gleichzeitig ihre Liebe nicht zu entziehen. Ich erinnere mich, dass Trungpa Rinpoche sagte, man solle immer die Tür offen halten, egal was jemand getan hat. Das ist mit Sicherheit eine harte Praxis. Dazu muss man sich weit aus der eigenen Komfortzone hinausbegeben; muss die Fähigkeit entwickeln, das tiefe Lernen in der Wachstumszone zu erfahren und dadurch transformiert zu werden.

Es ist für niemanden einfach, ein Koan dieser Größenordnung anzunehmen, und es würde mich nicht überraschen, wenn dies für Sie nicht infrage kommt, zumindest nicht im Moment. Was dann? Ich habe festgestellt, dass der vernünftigste Weg darin besteht, einfach anzuerkennen, wo man steht, ohne Schuldgefühle oder Arroganz, die Entscheidung zu treffen, die man treffen muss, und weiterzugehen im Leben. Aber beim Weitergehen können Sie auch danach streben, dass diese Erfahrung Sie nicht völlig kompromisslos werden lässt oder Ihr Herz verhärtet. Sie können danach streben, dass es Ihr Engagement für Selbstreflexion und Sanftmut vertieft. Dann werden Sie weiterhin lernen, wohin Sie auch gehen. Ihr Weg zur Erleuchtung wird weitergehen.

Die Lehrenden helfen Ihnen zu erwachen, indem sie sowohl Ihre Defizite als auch Ihr grundlegendes Gutsein widerspiegeln. Sie zeigen Ihnen sowohl die Neurosen, die Sie nicht sehen wollten, als auch das Potenzial, von dem Sie vorher noch nicht einmal wussten, dass es vorhanden ist. Doch sobald Sie sich mit diesen Aspekten Ihres Geistes vertraut gemacht und auf den Geschmack gekommen sind, immer mehr sehen zu wollen, öffnet sich Ihnen die ganze Welt als Ihr Lehrer. Das nennt man »den universellen Lehrer finden« – Lehrerin ist dann die Welt der Erscheinungen.

20

Mission Impossible – ein aussichtsloses Unterfangen

Statt es als aussichtslos oder deprimierend zu betrachten, die unendliche Arbeit, die vor uns liegt, anzugehen, können wir es als eine Quelle kontinuierlicher Inspiration sehen.

Wenn ich einen öffentlichen Vortrag halte, bitte ich bisweilen gleich zu Beginn das versammelte Publikum zusammen mit mir die folgenden traditionellen Zeilen zu rezitieren:

> Möge Bodhichitta, kostbar und erhaben,
> dort entstehen, wo es noch nicht ist.
> Und wo es entstanden ist, möge es nie abnehmen,
> sondern immer mehr wachsen und gedeihen.

Diese Zeilen fassen den gesamten Bodhisattva-Pfad zusammen, den Weg, den wir gehen, um unser Herz und unseren Geist zu erwecken, damit wir von immer größerem Nutzen für andere sein können.

Die ersten beiden Zeilen beziehen sich auf die Zeit, bevor wir mit dem Bodhichitta-Gedanken – dem Streben und der Verpflichtung, zum Wohl anderer zu erwachen – in Berührung gekommen sind. Allerdings fängt niemand wirklich ganz von vorn an. Bodhichitta basiert auf Liebe und Mitgefühl, die wir alle schon im Herzen tragen. Besonders Menschen, die eine traumatische oder sehr schwierige Beziehung zu Familienmitgliedern hatten, meinen manchmal, dass sie niemanden wirklich lieben. Doch es gibt immer jemanden – wenn keinen Menschen, dann zumindest eine Katze oder einen Hund. Wir alle tragen zumindest einen Funken Bodhichitta in uns. Wie Trungpa Rinpoche zu sagen pflegte: »Jeder liebt etwas, und wenn es nur Tortillas sind.«

Die dritte Zeile ermutigt uns, jeden Funken Bodhichitta, den wir haben, zu schätzen, zu schützen und zu pflegen, damit er nicht schwächer wird. So wie beim Anblick der ersten Frühlingsblumen: Man ist angerührt und will, dass sie sich gut entwickeln, also bemüht man sich, sie nicht zu zertreten, und versucht, Tiere davon abzuhalten, sie zu fressen. Dementsprechend müssen wir Bodhicitta in diesem frühen Stadium vor unseren eigenen Gewohnheiten schützen, wie zum Beispiel vor unserem Hang zur Polarisierung oder davor, uns auf Kosten anderer zu stark auf uns selbst zu konzentrieren.

Und es geht nicht nur darum, Bodhichitta zu schützen, sondern wir müssen darüber hinaus alles tun, was wir können, um ihm zu Wachstum zu verhelfen. Denn das geschieht nicht von selbst, sondern erfordert Bemühen. Es heißt, wir sollten Bodhichitta so ergreifen wie ein Blinder in der Wüste den Schwanz einer Kuh. Stellen Sie sich vor, Sie wären blind, hätten sich in der Wüste verlaufen und wären von Durst geplagt. Wenn dann eine vorüberlaufende Kuh zu hören wäre, wüssten Sie sofort, dass diese Sie zu Wasser führen könnte, also wäre es klug, ihren Schwanz zu ergreifen und auf keinen Fall loszulassen. Diese Analogie vermittelt uns auch ein Gefühl dafür, wie wichtig Bodhichitta ist. Wenn Sie verdursten, denken Sie wahrscheinlich nicht: »Ein Glas Wasser wäre jetzt mal ganz nett.« Stattdessen konzentriert sich Ihr gesamtes Denken darauf, Wasser zu finden. Sie betrachten dann jede Begegnung – sogar die mit einer Kuh – als eine Möglichkeit, an Wasser zu kommen.

So verhält es sich auch mit unserem Wunsch zu erwachen: Während wir immer vertrauter mit unserem gebrochenen Herzen werden und allmählich herausfinden, dass die Verletzlichkeit, das Unbehagen und die Verwirrung, die wir empfinden, die gleiche Verletzlichkeit, das gleiche Unbehagen und die gleiche Verwirrung sind, die alle anderen auch empfinden, kommt in uns die starke Sehnsucht auf, zu erwachen und nicht im Schlafzustand zu verharren. Irgendwann wird es unser wichtigstes Ziel im Leben zu erwachen, um anderen zu helfen. Wenn Bodhichitta unser Denken und Wollen so sehr beherrscht, werden wir erfinderisch und nutzen jede Lebenssituation, um zu erwachen.

Anfangs erfordert es sehr viel Bemühen, den Weg des Erwachens immer weiterzugehen. Ein großer Teil dieses Bemühens besteht darin wahrzunehmen, wann etwas automatische Reaktionen in Ihnen auslöst oder Sie ärgert, und daraufhin aber nicht dasselbe zu tun wie sonst. So könnte Ihre bisherige Reaktion darin bestehen, dass Sie Ärger körperlich oder verbal ausagieren oder dass Sie sich in eine überzeugende Geschichte darüber hineinsteigern, was jemand getan hat, oder darüber, wie minderwertig man doch ist oder wie schrecklich alles ist oder wie viel besser alles wäre, wenn nur …

Statt in eine solche gewohnte Reaktion zu verfallen, müssen Sie möglicherweise etwas tun, das Ihnen etwas künstlich erscheint. Zum Beispiel blickt Sie vielleicht jemand auf eine bestimmte Art und Weise an, die Ihr chronisches Selbstbild als verletzter oder minderwertiger Mensch heraufbeschwört. An diesem Punkt könnten Sie sich, statt wütend zu werden oder in Verzweiflung zu verfallen, Ihrer Gewohnheit widersetzen und bei sich denken: »Mögen ich und alle anderen Menschen auf der Welt, die sich in gleicher Weise unzulänglich fühlen, davon befreit sein.« Sie können diesen Gedanken sogar noch erweitern: »Möge diese schwierige Begegnung auf irgendeine Weise der Samen für mein Erwachen sein, ebenso wie für das Erwachen aller, die sich unzulänglich fühlen, und auch für das Erwachen aller anderen.« Das mag sich etwas künstlich anfühlen, aber es ist mit dem Aufbau eines Muskels vergleichbar, den man noch nicht oft benutzt hat. Es ist wie beim Joggen. Wenn Sie fit werden und dafür etwas tun wollen, müssen Sie sich vielleicht zunächst unbeholfen damit abmühen, Ihre Schuhe anzuziehen und die Strecke zu laufen. Das müssen Sie tun, auch wenn Sie eigentlich keine Lust dazu haben. Doch schließlich, unmerklich, wird das Laufen etwas Natürliches. Sie stellen dann fest, dass Ihr Wunsch zu laufen viel größer ist als Ihr Wunsch, es nicht zu tun.

Während Sie Ihre Bodhichitta-Muskeln aufbauen, ändert sich Ihre Einstellung gegenüber Widrigkeiten. Wenn etwas Unangenehmes oder Unwillkommenes passiert, gefällt Ihnen das vielleicht immer noch nicht, aber Sie sehen es als eine Gelegenheit, etwas in Ihrem Geist und Ihrem Herzen zu verändern. Diese Veränderung transformiert Ihr Leben. Es ist jedoch kein einzelnes Ereignis, das zu einer bestimmten Zeit stattfindet wie Montagmittag. Es ist eine schleichende Transformation.

Shantideva vergleicht Bodhichitta mit einem Wunschbaum, der durchgehend Früchte trägt, im Gegensatz zu einem Bananenbaum, der nur einmal Früchte hervorbringt und dann abstirbt. Der Bananenbaum ist wie eine gewöhnliche gute Tat. Ihre Freundin hat Kopfschmerzen, und Sie geben ihr eine Kopfschmerztablette. Sie tun etwas Nettes, was ein gutes Ergebnis zur Folge hat, doch das ist alles. Ihre Absicht ist auf eine einmalige Tat für eine Person beschränkt. Mit Bodhichitta hingegen wird alles, was Sie tun, Teil einer viel umfassenderen Absicht. Sie geben Ihrer Freundin zwar immer noch die Kopfschmerztablette, aber diese gute Tat ist Teil eines viel größeren Wunsches, nämlich dass Ihre Freundin schließlich vollständig aus Leiden und Verwirrung erwacht. Und dieser Wunsch ist wiederum Teil eines noch größeren: allen fühlenden Wesen ohne eine einzige Ausnahme zu helfen, vollständig zu erwachen.

Letztendlich ist der Bodhichitta-Wunsch so groß und allumfassend, dass er manchmal als »Mission Impossible« bezeichnet wird. Um diesen Wunsch hervorzubringen, müssen wir uns zuallererst mit der Keine-Ausnahmen-Regel arrangieren. Es ist einfach, eine Liste von Menschen zu erstellen, die Ausnahmen sein *müssen*, wie skrupellose Diktatoren, sadistische Tierquäler oder alle, die uns oder unseren Lieben schreckliche Dinge angetan haben. Solche sogenannten bösen Menschen genießen es offenbar, wenn andere leiden. Aber stellen Sie sich vor, Adolf Hitler wäre voll erwacht und frei von Leiden gewesen. Hätte er dann all die Gräueltaten begangen? Würde ein Mensch anderen vorsätzlich schaden, wenn er in der Lage wäre, die rohe Verletzlichkeit in seinem Herzen zu halten, statt unwissend aus seinem emotionalen Schmerz heraus zu reagieren? Wenn wir uns diese Fragen stellen, sehen wir, wie sinnvoll es ist, in unseren Bodhichitta-Bestrebungen keine Ausnahmen zu machen.

Es kann uns auch überfordern oder entmutigen, wenn wir an die grenzenlose Zahl von Menschen und Tieren denken, die dringend Hilfe benötigen. Wenn wir das mit dem vergleichen, was wir tatsächlich in der Lage sind zu tun, um das Leiden zu lindern, mag es nahezu sinnlos erscheinen, es auch nur zu versuchen. Wir sprechen davon, Erleuchtung zu erlangen, um alle Wesen vom Leiden zu befreien, aber ist ein Ende des Leidens wirklich möglich?

Roshi Bernie Glassman, der jahrzehntelang mit Obdachlosen in Yonkers, New York, gearbeitet hat, hat einmal gesagt: »Ich glaube eigentlich nicht, dass es je ein Ende der Obdachlosigkeit geben wird, aber ich gehe es jeden Tag an, als wäre es möglich. Und dann arbeite ich mit einem nach dem anderen.« Das war auch der Ansatz von Mutter Teresa. Sie wusste, dass sie nicht die gesamte Armut in Kalkutta beenden konnte. Aber sie erkannte, dass sie vielen sterbenden Menschen helfen konnte, sich geliebt zu fühlen. Darum arbeiteten sie und ihre Helferinnen jeden Tag daran, und ihre Organisation wuchs immer weiter.

Bodhichitta, die »Mission Impossible«, ist wie unerwiderte Liebe. Es ist wie die Geschichte von Romeo und Julia, die nicht zusammen sein durften, aber deren Liebe dennoch immer weiterwuchs, obwohl sie nie erfüllt werden konnte. Der Wunsch, allen Wesen zum Erwachen zu verhelfen, kann bewirken, dass wir aus uns »herausgehen«, immer weiter heraus, bis wir in das Reich des unermesslichen Geistes und Herzens gelangen. Schließlich erkennen wir, dass das volle Potenzial unseres Geistes so viel umfassender ist als das, was unsere gegenwärtigen simplen Sinne wahrnehmen können. Und das, was wir für andere tun können – auch wenn es nicht alles ist –, ist ebenso umfassend. Statt es als aussichtslos oder deprimierend zu betrachten, die unendliche Arbeit, die vor uns liegt, anzugehen, können wir es als eine Quelle kontinuierlicher Inspiration sehen – als eine endlose Gelegenheit für unser kostbares Bodhichitta –, »immer mehr zu wachsen und zu gedeihen«.

Heutzutage ist es für viele angsteinflößend oder bedrückend, wenn sie sehen, was um sie herum geschieht, oder wenn sie die Nachrichten lesen. Das ist normal und verständlich. Dennoch ist es wichtig, Wege zu finden, um Optimismus zu entwickeln. Daher rezitiere ich oft den folgenden Vorsatz: »In Bezug auf die Zukunft der Menschheit werde ich optimistisch und mutig sein.« Ohne etwas Optimismus verfällt man leicht in eine passive oder schwarzmalerische Haltung. Wozu überhaupt versuchen, etwas für eine bessere Zukunft zu tun, wenn es doch hoffnungslos ist? Aber nach der Karmalehre ist die Zukunft ungeschrieben. Was wir jetzt tun, ist tatsächlich wichtig, nicht nur für uns selbst, sondern für alle, die Teil des miteinander verwobenen Netzes sind, das wir Mutter Erde nennen. Schon wenn wir nur einmal jemanden anlächeln, kann das einen enormen Dominoeffekt haben, der sich immer weiter nach außen fortsetzt – wer weiß, wie weit? Und wenn das so ist, dann überlegen Sie nur, wie sehr wir die Welt beeinflussen können, indem wir Tag für Tag engagiert üben, unser Herz und unseren Geist zu öffnen.

Bei allem Optimismus ist es jedoch auch wichtig, realistisch zu sein. Obwohl viele Menschen kontinuierlich Gutes tun, handeln viele andere entsprechend ihrer Gewohnheit aus Verwirrung, Angst und Eigennutz. Einige pflanzen hauptsächlich positive Samen für die Zukunft, andere weitgehend negative, und die meisten pflanzen beides. Wir wissen nicht wirklich, worauf all das hinausläuft. Wenn unsere Vorstellung von Optimismus darin besteht, ganz naiv positiv darüber zu denken und zu sprechen, was die Zukunft bringen wird, kann das zu großer Entmutigung führen, wenn wir sehen, wie die Dinge sich tatsächlich entwickeln.

In Südafrika waren Menschen, die unter der Apartheid gelitten hatten, unglaublich begeistert, als Nelson Mandela Präsident wurde, und dann, als die Wahrheits- und Versöhnungskommission zusammenkam. Aber viele von denen, die dachten, dass es in diesem Geiste weiterginge, wurden zynisch, als das Tempo der Transformation nachließ und Korruption und Leiden zunahmen. Viele Menschen, die sich für andere in Südafrika und anderswo einsetzten, knickten völlig ein, als sie sahen, dass sich der Fortschritt verlangsamte oder sogar umkehrte. Andererseits gibt es immer noch viele Menschen, die sich weiterhin inspiriert fühlen und mutig ihre Arbeit fortsetzen, unabhängig von den unmittelbaren Ergebnissen.

Trungpa Rinpoche hatte eine ausgeprägte Intuition in Bezug auf die Zukunft, und das, was er sah, war nicht schön: Naturkatastrophen, Wirtschaftskrisen und zunehmendes körperliches und psychisches Leid. Er sah, dass dies entweder das Schlimmste oder das Beste in den Menschen zum Vorschein bringen könne: Manche würden aus der berechtigten Angst heraus, nicht genug zu haben oder das zu verlieren, was sie schon haben, unlauter und egoistisch werden. Doch manche würden sich auch der Situation stellen und anderen helfen, Widrigkeiten zu überstehen. Er sagte, es liege bei uns zu entscheiden, wie wir der Zukunft begegnen wollen.

Wir können uns auf die Zukunft vorbereiten, indem wir uns einige Fragen stellen: Was werde ich tun, wie werde ich sein, wenn sich etwas ereignet, das ich nicht will? Werde ich einen ruhigen Geist und ein freundliches Herz bewahren können, das sich auf jegliches Leid einstellen kann, sodass ich mir und der Gesellschaft eher von Nutzen als hinderlich bin? Wie werde ich auf Krankheiten, verheerende Verluste, Beleidigungen und Respektlosigkeit reagieren? Wie sieht es aus, wenn sich die Umwelt- oder die politische Situation verschlimmert? Werde ich »ausrasten« und in Hass, Angst oder Selbstverurteilung verfallen? Oder wird mir meine Praxis ermöglichen, mit dem zu sein, was ich fühle, und vernünftig und menschlich vorzugehen? Werden Not und Ungemach meine niedrigsten oder meine besten Eigenschaften zutage fördern?

Nachdem wir uns solche Fragen gestellt haben, können wir nun das, was in unserem gegenwärtigen Leben aufkommt, nutzen, um uns auf die Zukunft vorzubereiten. Von da ausgehend können wir üben, unter allen Umständen, so schwierig sie auch sein mögen, offen und mitfühlend zu bleiben. Wenn wir dann an den Punkt gelangen, dass Bedrängnis das Beste in uns zutage fördert, werden wir jenen, bei denen Bedrängnis das Schlimmste zutage fördert, eine große Hilfe sein. Wird auch nur eine kleine Anzahl Menschen auf diese Weise zu friedlichen Kriegern, dann kann diese Gruppe allein durch ihr Vorbild vielen anderen helfen.

Dzigar Kongtrul Rinpoche tritt für einen solchen mutigen, praktischen Realismus ein. Er hält Menschen dazu an, dass sie üben, »moderne Bodhisattvas« oder einfach »MDBs« (englisch: *Modern-Day Bodhisattvas*) zu werden. Seine Schüler haben sogar eine MDB-Baseballkappe entworfen, um sich und andere zu inspirieren, sich mit uneigennützigem, resilientem Herzen durch die Welt zu bewegen. Diese Arbeit basiert darauf herauszufinden, wie die Dinge wirklich sind, und sich in diesem Rahmen mutig und kreativ zu verhalten.

Seine Heiligkeit der Dalai Lama sagt: »Wenn die Alten vorgeben jung zu sein, und die Dummen vorgeben, intelligent zu sein, ist es besser, einfach realistisch sein.« Seine Heiligkeit hat daran gearbeitet, Programme zu entwickeln, um Mitgefühl und Empathie in die Erziehung von Kindern auf der ganzen Welt einzubringen. Er sieht, dass fast alles Leid und Chaos auf der Welt durch die Geisteshaltung »wir« und »andere« verursacht werden. Genau das steht hinter all den »Ismen«, die einen Großteil der heute grassierenden Gewalt, Herzlosigkeit und Selbstgerechtigkeit verursachen. »Mitgefühl ist gar keine religiöse Angelegenheit«, sagt er. »Es ist wichtig zu erkennen, dass es eine menschliche Angelegenheit ist. Es ist eine Frage des menschlichen Überlebens.« Mit anderen Worten: Wenn wir etwas über Spiritualität und Meditation erfahren, geht es um viel mehr als nur darum, uns wohl in unserer Haut zu fühlen oder uns besser entspannen zu können. »Wir« und »andere« durch das Gefühl zu ersetzen, dass wir alle gleich und wechselseitig miteinander verbunden sind, wird zu einer praktischen Voraussetzung für das Überleben.

Wir können realistisch und optimistisch zugleich sein, denn letztendlich ist die Sichtweise des Dharma ermutigend und lebensbejahend. Der Buddha hat gelehrt, dass alle Wesen das Potenzial haben, vollständig zu erwachen, und dass wir alle letztendlich dorthin gelangen werden. Er und viele andere weise Menschen dieser Welt haben uns Hilfsmittel zur Verfügung gestellt, damit wir das, was in unserem Leben geschieht, nutzen können, um unser grundlegendes Gutsein zu entwickeln und immer besser in der Lage zu sein, für andere da zu sein. Was auch immer die Zukunft bringen mag – Unwillkommenes oder Willkommenes –, können wir auf unserem Weg des Erwachens nutzen. Für mich ist eine solche Einstellung die beste Form von Optimismus. Dadurch, dass wir uns immer mehr für unser Potenzial als Bodhisattvas öffnen, bewegen wir uns weg von der winzigen, eingeschränkten Sicht unserer Selbst und unserer Welt und entdecken die grenzenlose Fähigkeit, für unsere Mitmenschen da zu sein und uns für ihr Wohlergehen einzusetzen.

Das Unwillkommene willkommen heißen: Übungen

Einfache Sitzmeditation

Die Sitzmeditationstechnik, die als *shamatha-vipashyana* (»ruhiges Verweilen – Einsicht«) bezeichnet wird, ist wie ein goldener Schlüssel, der uns hilft, uns selbst zu erkennen.

Bei der Shamatha-Vipashyana-Meditation sitzen wir aufrecht mit verschränkten Beinen und geöffneten Augen, die Hände ruhen auf den Oberschenkeln. Dann beginnen wir, einfach darauf zu achten, wie unser Atem ausströmt. Es gehört Präzision dazu, ganz bei seinem Atem zu sein. Andererseits ist es ein außerordentlich entspannter und sanfter Zustand. »Sei ganz bei deinem Atem, wie er ausströmt«, bedeutet das Gleiche wie: »Sei vollständig gegenwärtig. Sei ganz anwesend bei allem, was gerade geschieht.« Die Aufmerksamkeit auf den ausströmenden Atem zu richten bedeutet auch, aufmerksam für andere Geschehnisse zu sein – Straßengeräusche und Licht, das auf die Wände fällt. Diese Dinge können unsere Aufmerksamkeit auf sich ziehen, ohne uns abzulenken. Wir fahren fort, einfach dazusitzen und auf unseren ausströmenden Atem zu achten.

Das Beobachten des Atems ist jedoch nur ein Teil der Technik. Es geht auch um die Gedanken, die uns dauernd durch den Kopf schwirren. Wir sitzen hier und führen Selbstgespräche. Die Anweisung lautet, dass wir in dem Moment, in dem wir bemerken, dass wir gerade etwas gedacht haben, es mit der Bezeichnung »Denken« versehen. Wenn der Geist abschweift, sagen wir zu uns selbst »Denken«. Ob die Gedanken gewalttätig sind, leidenschaftlich oder voller Unwissenheit und Ablehnung, ob sie sorgenvoll oder furchtsam sind, ob sie spirituell oder erfreulich sind in Bezug auf das, was wir gerade tun, angenehme Gedanken, erbauliche Gedanken, was auch immer für Gedanken es sind, wir bezeichnen sie alle ohne Urteil oder Strenge einfach als »Denken« und tun das mit Ehrgefühl und Sanftmut.

Der Kontakt mit dem Atem ist leicht aufrechtzuerhalten. Nur etwa fünfundzwanzig Prozent der Aufmerksamkeit liegen auf dem Atem. Wir brauchen den Atem nicht festzuhalten oder uns daran festzubeißen. Wir öffnen uns, lassen den Atem sich mit der Weite des Raums vermischen, lassen ihn einfach in die Weite hinausströmen. Danach entsteht so etwas wie eine Pause, eine Lücke, bis der nächste Atemzug ausströmt. Während wir einatmen, geraten wir vielleicht in einen Zustand des Sich-Öffnens und Wartens. Es ist so, als hätten wir an einer Tür geklingelt. Nun warten wir, ob jemand aufmacht. Dann drücken wir wieder auf die Klingel und warten, ob jemand aufmacht. Dann schweift der Geist vielleicht ab, und wir bemerken, dass wir wieder denken. An diesem Punkt sagen wir wieder »Denken«.

Es ist wichtig, gewissenhaft mit dieser Technik umzugehen. Wenn wir bemerken, dass das Bezeichnen einen strengen und negativen Ton annimmt, als würden wir »verdammt!« sagen, dass wir es uns also selbst schwermachen, sollten wir noch mal »Denken« sagen und die düstere Stimmung dabei einfach weglassen. Es geht nicht darum, die Gedanken abzuknallen wie Tontauben. Lieber sollten wir sanftmütig sein und das Bezeichnen als Chance betrachten, uns selbst gegenüber Empfindsamkeit und Mitgefühl zu entwickeln. Betrachten wir die Meditation als eine Arena. Alles, was darin auftaucht, ist in Ordnung. Es geht nur darum, es ehrlich zu betrachten und Freundschaft damit zu schließen.

Was auftaucht, mag peinlich und schmerzhaft sein, aber es ist dennoch sehr heilsam, weil es uns etwas über den Fehler lehrt, uns vor uns selbst zu verstecken. Es ist heilsam, die eigene Hinterlistigkeit zu erkennen, die eigenen Ausflüchte, und zu erfahren, wo wir überall dichtmachen, leugnen, abstreiten, anderen Leuten Vorwürfe machen – all die kleinen schmutzigen Tricks, die wir so drauf haben. Wir können uns all das mit einer gehörigen Portion Humor und Freundlichkeit bewusst machen. Wenn wir über uns selbst Bescheid wissen, werden wir auch herausfinden, was Menschlichkeit ist. Jeder hat mit so etwas zu kämpfen. Jeder steckt da drin. Wenn wir also feststellen, dass wir mit uns selbst reden, bezeichnen wir es als »Denken« und achten dabei auf den Klang unserer Stimme. Geben wir unserer Stimme einen mitfühlenden, freundlichen und humorvollen Klang. Dann werden wir alte festgefahrene Muster ändern, die der ganzen Menschheit eigen sind. Mitgefühl für andere beginnt mit Freundlichkeit sich selbst gegenüber.[12]

Die Tonglen-Praxis

Tonglen ist eine buddhistische Praxis, die uns mit unserem eigenen Leiden in Kontakt bringt und mit dem Schmerz, der uns überall auf der Welt begegnet. Die Methode unterstützt uns dabei, unsere Angst vor dem Leiden hinter uns zu lassen und Engherzigkeit aufzulösen. Insbesondere weckt diese Praxis das Mitgefühl, das uns allen innewohnt, egal, wie grausam oder kalt wir zu sein scheinen.[13]

Wir beginnen damit, dass wir uns einen Menschen vorstellen, dessen Leiden wir kennen und dem wir helfen wollen. Wenn wir beispielsweise von einem Kind wissen, das verletzt wurde, atmen wir nun mit dem Wunsch ein, den Schmerz und die Angst dieses Kindes auf uns zu nehmen. Wenn wir ausatmen, schicken wir Freude, Glück und alles, was dem Kind hilft, in der Vorstellung zu ihm. Das ist der Kern der Praxis: Wir atmen das Leid anderer ein, damit es ihnen gut geht und sie mehr Raum haben, um sich zu entspannen und zu öffnen. Mit dem Ausatmen senden wir Entspannung und alles, von dem wir glauben, dass es das Leid des anderen lindert und ihm Glück bringt.

Diese Übung misslingt jedoch häufig, denn sie konfrontiert uns mit unserer Angst, unserem Widerstand, unserem Zorn oder mit anderem persönlichen Leid, dem wir gerade ausgesetzt sind. Doch wir können den Fokus neu ausrichten und Tonglen für das, was wir selbst empfinden, und für Millionen anderer Menschen praktizieren, die sich, genau wie wir, in diesem Moment ebenso festgefahren und elend fühlen. Vielleicht sind wir in der Lage, unserem Schmerz einen Namen zu geben, und erkennen ihn klar als Schrecken, Abscheu oder Zorn oder als Verlangen, uns zu rächen. Wir atmen für alle Menschen ein, die von derselben Emotion erfasst worden sind, und senden ihnen Linderung – oder etwas anderes, das bewirkt, dass sich für uns und all die unzähligen anderen ein Raum auftut. Vielleicht sind wir nicht in der Lage, dem, was wir spüren, einen Namen zu geben. Aber wir können es spüren – eine Anspannung im Bauch, eine belastende Niedergeschlagenheit oder was auch immer. Wir treten einfach in Kontakt zu dem, was wir fühlen, und atmen ein. Wir *nehmen es in uns auf*, für uns alle – und *senden* Linderung an uns alle *aus*.

Oft heißt es, diese Praxis liefe dem zuwider, wie wir gewöhnlich für unser Wohlbefinden sorgen. Das stimmt, diese Praxis läuft tatsächlich dem zuwider, was wir normalerweise wollen: dass sich alles nach uns richtet, sodass es für uns selbst gut läuft, egal was mit anderen passiert. Die Tonglen-Praxis löst jedoch die Mauern auf, die wir um unser Herz herum errichtet haben. Es löst die Schichten des Selbstschutzes auf, die zu schaffen wir uns so sehr bemüht haben. In der buddhistischen Sprache würde man sagen, dass sie die Ich-Anhaftung und Fixierung auflöst.

Tonglen stellt die übliche Logik, Leiden zu vermeiden und nach Angenehmem zu streben, auf den Kopf. Im Lauf des Prozesses werden wir von sehr alten Denk- und Verhaltensmustern des Egoismus befreit. Wir empfinden allmählich Liebe sowohl für uns selbst als auch für andere und beginnen, uns um uns selbst und andere zu kümmern. Tonglen weckt unser Mitgefühl und führt uns in eine weitaus umfassendere Sicht der Wirklichkeit ein. Zunächst ermöglicht es uns, die Erfahrung zu machen, dass die Dinge nicht so wichtig und festgefügt sind, wie sie uns bislang erschienen. Wir beginnen, uns mit der offenen Dimension unseres Seins zu verbinden. Mit zunehmender Übung lernen wir die unbegrenzte Weite von *Shunyata*, Leerheit, kennen.

Tonglen kann für all jene geübt werden, die krank sind, für diejenigen, die sterben oder schon gestorben sind, für jene, die Schmerzen aller Art haben. Es kann als formale Meditationspraxis oder sofort überall und jederzeit durchgeführt werden. Wir sind draußen unterwegs und sehen jemanden mit Schmerzen – sofort können wir den Schmerz dieser Person einatmen und Linderung ausatmen. Genauso wahrscheinlich ist es aber auch, dass wir jemanden, der Schmerzen hat, sehen und wegschauen. Der Anblick des Schmerzes lässt Angst oder Wut in uns aufkommen; ebenso wie inneren Widerstand und Verwirrung. Sofort können wir dann Tonglen für alle Menschen üben, denen es genauso geht wie uns: die mitfühlend sein wollen, sich aber stattdessen fürchten, die mutig sein wollen, aber stattdessen feige sind. Ohne uns selbst zu zerfleischen, können wir die Tatsache, dass wir festgefahren sind, als Sprungbrett nutzen, um zu verstehen, womit Menschen auf der ganzen Welt zu kämpfen haben. Atmen Sie für uns alle ein und aus. Verwenden Sie das, was scheinbar ein Gift ist, als Medizin. Sie können Ihr persönliches Leid als Weg zum Mitgefühl für alle Wesen nutzen.

Wenn Sie jetzt sofort Tonglen praktizieren möchten, atmen Sie einfach ein und aus, nehmen Sie Leid in sich auf und senden Sie Raum und Linderung aus. Wenn Sie Tonglen als formale Meditation praktizieren wollen, beachten Sie, dass es dabei vier Stufen gibt:

Stufe eins: Lassen Sie Ihren Geist kurz, etwa ein oder zwei Sekunden, in einem Zustand der Offenheit und Stille ruhen. Diese Phase wird traditionell als »Aufblitzen absoluten Bodhichittas« bezeichnet – ein plötzliches Sichöffnen zu grundlegender Weite und Klarheit vollzieht sich. Gemeint ist ein Moment ohne geistige Fixierungen, ein völlig offener, frischer Moment, bevor das Denken und voreingenommene Verzerrungen einsetzen.

Wenn Sie Schwierigkeiten haben, sich mit dieser Offenheit zu verbinden, können Sie Folgendes tun: Rufen Sie sich das Bild einer Erfahrung der Weite in Erinnerung. Sie können sich beispielsweise vorstellen, wie Sie am Strand stehen und auf das weite Meer hinausblicken oder wie Sie hoch oben auf einem Berggipfel unter einem unermesslich weiten Himmel sind, mit einem Ausblick, der sich über viele Kilometer hinweg erstreckt. Oder Sie können einen

Gong schlagen und dem Klang lauschen, um mit diesem frischen, stillen Geist, frei von Fixierungen, in Berührung zu kommen. Was auch immer Sie tun, es kommt darauf an, dass Sie sich mit dem Ort eines offenen Geistes und Herzens verbinden, denn das bildet den Hintergrund für die restliche Praxis.

Stufe zwei: Arbeiten Sie mit materiellen Eigenschaften und Empfindungen. Lassen Sie also beim Einatmen ein Gefühl von heiß, dunkel und schwer in sich einströmen. Das ist die klaustrophobische Beschaffenheit und Eigenart eines Geistes mit starren Fixierungen. Visualisieren Sie, dass Sie dieses Unangenehme in sich aufnehmen, oder machen Sie die Erfahrung auf andere Art. Atmen Sie es vollständig ein, durch alle Poren Ihres Körpers hindurch. Für manche ist es hilfreich, in Farben oder Bildern zu denken. Ein traditionelles Bild ist das Einatmen von schwarzem Rauch. Manche atmen Rot ein, weil es heiß ist; andere visualisieren etwas Grünes, Schleimiges. Sie können alles tun, was für Sie funktioniert und Ihnen das Gefühl vermittelt, unangenehme Gefühle in sich aufzunehmen, die Sie normalerweise meiden würden.

Lassen Sie beim Ausatmen ein Gefühl von kühl, hell, luftig und leicht ausströmen – eine Empfindung der Frische. Auch hier können Sie wieder alle Bilder verwenden, die Ihnen helfen, wie zum Beispiel ein kühles Blau oder ein helles Weiß. Strahlen Sie diese Frische rundum in alle Richtungen durch alle Poren Ihres Körpers aus. Lassen Sie es zu einer Erfahrung werden, die Sie ganz und gar erfasst. Atmen Sie diese jeweiligen Eigenschaften noch eine Weile ein und aus. Fahren Sie so lange damit fort, bis Sie das Gefühl haben, dass Sie sich mit Ihrem Atem synchronisiert haben.

Stufe drei: Verbinden Sie sich mit einer persönlichen Situation, die leidvoll für Sie ist. Wenn zum Beispiel Ihre bejahrte Mutter eine schwere Zeit durchmacht, atmen Sie ihr Leid mit dem Wunsch ein, sie möge frei von jeglichen Schmerzen sein. Schicken Sie ihr beim Ausatmen Glück oder Weite oder was auch immer ihr Ihrem Empfinden nach nützt. Oder denken Sie an ein Tier, das sich in einer schlimmen Situation befindet und misshandelt wird. Nehmen Sie beim Einatmen seinen Schmerz auf und stellen Sie sich beim Ausatmen vor, wie das Tier frei und glücklich ist.

Für diese Stufe können Sie alles verwenden, was Sie bewegt, alles, was sich für Sie persönlich und real anfühlt. Wie bereits gesagt: Wenn Sie nicht weiterkommen, können Sie die Praxis sowohl für sich selbst mit Ihrem eigenen Schmerz als auch für all jene ausüben, die dasselbe Leid empfinden. Wenn Sie sich zum Beispiel unfähig fühlen, atmen Sie dies für sich selbst und für alle anderen ein, die im selben Boot sitzen; und dann senden Sie Selbstvertrauen und das Gefühl der Leistungsfähigkeit oder Linderung in jeder Form aus, die Ihnen beliebt.

In der vierten Phase schließlich erweitern wir die spezifische Situation, sodass unser Aufnehmen und Aussenden einen größeren Kreis betrifft. Die dritte und vierte Stufe gleichen sich aus. Dahinter steht der Gedanke, dass es das Herz nicht wirklich berührt, wenn man zu allgemein ist. Wird man dagegen zu konkret, hat man in der betreffenden Situation vielleicht das Gefühl, gar nicht weiterzukommen oder überwältigt zu sein oder zu sehr auf sich selbst bezogen.

Wenn Sie damit begonnen haben, dass Sie für Ihre Mutter Tonglen praktiziert haben, dann dehnen Sie dies nun auf alle Menschen aus, die in derselben Situation sind, oder auf alle älteren Menschen im Allgemeinen. Wenn Sie an ein misshandeltes Tier gedacht haben, erweitern Sie das nun auf alle misshandelten Tiere oder alle Tiere, die irgendeiner Form von Leid ausgesetzt sind. Sobald sich diese Überlegungen aber zu allgemein oder abstrakt anfühlen, kommen Sie auf den konkreten Fall zurück, der Sie auf einer persönlicheren Ebene anspricht.

Wenn Sie mit Ihrer eigenen leidvollen Erfahrung begonnen haben, wie zum Beispiel Ihrem Gefühl der Unfähigkeit, dann erweitern Sie jetzt diese Betrachtung. Machen Sie Tonglen für diejenigen in Ihrer Nähe, die sich unfähig fühlen, und weiten Sie den Kreis dann immer mehr aus, um das Gefühl zu verallgemeinern. Sobald Sie den Eindruck haben, sich zu weit zu entfernen, kehren Sie zu Ihrer eigenen Unfähigkeit zurück. Schmecken Sie sie, riechen Sie sie, spüren Sie sie wirklich – und kehren Sie dann wieder zur Verallgemeinerung zurück.

Eine weitere Möglichkeit, von der dritten zur vierten Stufe überzugehen, besteht darin, ausgehend von denen, die Ihnen am Herzen liegen, den Kreis derer, für die Sie da sein wollen, immer weiter auszudehnen auf diejenigen, an denen Ihnen nicht mehr so viel liegt. Nachdem Sie Tonglen für eine nahestehende Person praktiziert haben, versuchen Sie es nun für einen Fremden zu tun, für jemanden, über den Sie nichts wissen und der in Ihnen keine starken Gefühle weckt, weder positive noch negative. Atmen Sie ein mit dem Wunsch, dass dieser Fremde frei von jeglichen Schmerzen sein möge. Atmen Sie ein mit dem Wunsch, er möge frei von geistigen Fixierungen sein. Atmen Sie dann Gefühle des Friedens und der Freude aus, besonders die Weite und Stille Ihres fundamental offenen Geistes und Herzens.

Versuchen Sie von dort aus, Ihr Herz noch weiter auszudehnen, über das hinausgehend, was Ihnen derzeit möglich erscheint. Denken Sie an jemanden, den Sie schwierig finden. Nehmen Sie nicht gleich die schreckenerregendste Person – vielleicht gibt es ja jemanden, der Sie ein bisschen ärgert. Rufen Sie sich sein Gesicht oder seinen Namen in Erinnerung – alles, was Ihnen die Person näherbringt. Machen Sie dann Tonglen für sie. Und mit zunehmender Sicherheit in der Praxis können Sie Tonglen auch für die Menschen praktizieren, bei denen es Ihnen am schwersten fällt.

Schließlich erweitern Sie Ihr Tonglen immer mehr, sodass es den gesamten Raum umfasst. Praktizieren Sie es zunächst für alle in Ihrer Nähe, dann in immer breiteren Kreisen, bis sich Ihr Empfangen und Senden über den ganzen Globus erstreckt. Tun Sie es für alle Frauen auf der Welt, die verletzt sind. Tun Sie es für alle Männer, alle Kinder, alle Tiere. Schauen Sie, ob Sie sich noch mehr ausdehnen und Tonglen für den gesamten Planeten üben können – für all das Wasser, die Luft und das Land, die alle in keinem guten Zustand sind.

Tun sie es, als befänden Sie sich auf dem Mond und blickten von dort aus auf die Erde. Praktizieren Sie Tonglen für den gesamten Planeten und all seine Bewohner – mit dem Wunsch, dass alle Lebewesen über einen auf »wir« und »andere« fixierten Geist hinausgelangen, dass wir alle uns als eine Familie betrachten und in einem Zustand völligen Friedens und vollendeter Harmonie zusammenleben können. Letztendlich können Sie für alle Wesen Tonglen praktizieren, wo auch immer im ganzen Universum sie sein mögen.

Tonglen lässt sich unendlich weit ausdehnen. Mit zunehmender Praxis wächst Ihr Mitgefühl im Lauf der Zeit ganz natürlich, ebenso wie Ihre Einsicht, dass die Dinge nicht so festgefügt sind, wie Sie angenommen hatten. Während Sie diese Übung sukzessive in Ihrem eigenen Tempo machen, werden Sie überrascht sein, dass Sie immer besser in der Lage sind, für andere da zu sein, selbst in Situationen, in denen Ihnen das früher unmöglich erschienen wäre.

Lokalisieren, annehmen, stoppen, ruhig präsent bleiben

L.A.S.R. – ausgesprochen wie »Laser« – steht für lokalisieren, annehmen, stoppen und ruhig präsent bleiben. Es ist eine Praxis, die von Richard Reoch, dem bekannten Menschenrechtsaktivisten und ehemaligen Präsidenten von Shambhala International, entwickelt wurde.[14] Sie können L.A.S.R als eine kurz gefasste und leicht nachvollziehbare Methode verwenden, um einige der Übungen dieses Buches, die Ihnen helfen, Unwillkommenes willkommen zu heißen, miteinander zu kombinieren.

Wann immer Sie sich über etwas aufregen, eine unangenehme Empfindung haben, sich nicht wohlfühlen oder das Gefühl haben festzustecken, befolgen Sie diese vier Schritte:

1. Lokalisieren: Finden Sie heraus, wo sich diese enge, verkrampft zusammengezogene Empfindung, die Sie im Griff hat, in Ihrem Körper befindet, und nehmen Sie Kontakt zu ihr auf.

2. Annehmen: Nehmen Sie dieses Gefühl, diese Empfindung, diese verkrampfte Anspannung an. Eine Möglichkeit, das zu tun, besteht darin, Tsoknyi Rinpoches Anweisung zu folgen und allen Gefühlen der Angst und des Selbstschutzes, die von Ihnen Besitz ergriffen haben, bedingungslose Wärme zu schicken. Das kann sich so gestalten, als wollte man ein aufgeregtes Kind beruhigen. Es kommt dabei jedoch vor allem darauf an, die alte menschliche Neigung, Schmerz zu vermeiden und abzulehnen, umzukehren und stattdessen mutig darauf zuzugehen.

3. Stoppen: Halten Sie die Storyline an. Der Begriff »Stoppen« funktioniert zwar für das Akronym (L.A.S.R), aber ich interpretiere diesen Schritt eher so, dass man die Gedanken und Geschichten loslässt, unterbricht oder direkt ansieht. Es geht nicht darum, das Denken ganz einzustellen – das ist nicht möglich. Vielmehr sollen Sie unter oder hinter Ihre Gedanken blicken, um mit dem zugrunde liegenden Gefühl, »am Haken zu hängen« und mitgezogen zu werden, in Kontakt zu kommen. Sie können allein dadurch viel lernen, dass Sie die direkte, nichtkonzeptuelle Erfahrung, »am Haken zu hängen«, machen, auch wenn diese nur einen Moment anhält. Sobald Sie sich mit diesem rohen, unverstellten Gefühl verbunden haben, können Sie die Geschichten weiterhin unterbrechen und immer wieder zur Erfahrung zurückkehren. Eine regelmäßige Meditationspraxis ist bei diesem Schritt enorm hilfreich.

4. Ruhig präsent bleiben: Bleiben Sie mit dem Gefühl präsent. Harren Sie damit so lange aus, bis es sich verändert, aber wiederum nicht so lange, dass es sich wie ein zu heftiger Kampf anfühlt – Sie brauchen nicht zu warten, bis Sie sich überfordert fühlen. Ihr Durchhaltevermögen steht hier nicht auf dem Prüfstand. Bleiben Sie einfach mit Freundlichkeit und Wärme bei dem Gefühl und lassen Sie sich so tief wie möglich darauf ein. In dieser Phase geschieht es oft, dass man entdeckt, wie leidvoll das Gefühl ist, und merkt, dass man sich das nicht weiter selbst antun will. Dadurch können Sie sehr viel weicher und auch zugänglicher dafür werden, andere Menschen zu sehen und anzuhören. Es kann Ihrer natürlichen Intelligenz und Offenheit eine Chance geben, sich zu entfalten.

Sobald Sie eine Zeitlang mit diesen vier Schritten gearbeitet haben, können Sie versuchen, einen fünften Schritt hinzuzufügen. Hier die beiden zwei wichtigsten möglichen Methoden dieser Stufe:

Die erste ist das, was ich »die Leerheit des Gefühls wahrnehmen« nenne. Es gibt verschiedene Wege, damit zu experimentieren, aber sie alle haben mit der Einsicht – wie flüchtig sie auch immer sein mag – zu tun, dass das Leiden nicht dem Gefühl an sich entspringt, sondern dem Eindruck, es gebe *jemanden*, der leidet.

Fragen Sie sich zum Beispiel, während Sie mit dem Gefühl hinter der Geschichte präsent sind: »Wer fühlt das?« Halten Sie kurz inne und denken Sie nach. Dann stellen Sie sich die Frage noch einmal: »Wer fühlt das?« Sie können diesen Vorgang mehrmals wiederholen, wenn Sie meinen, dass es Ihnen hilft.

Oder Sie finden heraus, wie sich die Leerheit des Gefühls aus anderen Blickwinkeln anfühlt. Dazu können Sie Fragen nachgehen wie: »Ist das ein dauerhaftes Gefühl?«, »Ist es vorübergehend?«, »Ist es fest?«, »Ist es fließend?«, »Ist es starr?«, »Ist es dynamisch?«, »Ist es endlich oder unendlich?« Sie können auch fragen: »Bin ich dieses Gefühl?«, »Bin ich es nicht?«, »Ist es ein Hindernis?«, »Ist es ein Zugang?« Oder Sie können völlig frei von einer Geschichte mit dem Gefühl in Berührung kommen und sagen: »Wenn man es unmittelbar spürt, ist genau dieses Gefühl grundlegendes Gutsein.« Oder: »Grundlegendes Gutsein ist genau hier zu finden.« Mit anderen Worten, Sie müssen nicht warten, bis das Gefühl weg ist, um grundlegendes Gutsein zu finden.

Eine andere mögliche Methode auf der fünften Stufe ist die, mit dem Gefühl als Mittel zu experimentieren, um Mitgefühl zu wecken. Während Sie mit dem rohen, unverstellten Gefühl präsent bleiben, sinnen Sie darüber nach, dass sich unzählige Menschen und Tiere auf dem ganzen Planeten genauso fühlen. Nutzen Sie diese Erfahrung als Weg zu der Einsicht, dass wir alle letztendlich gleich sind. An dieser Stelle können Sie so etwas denken wie: »Mögen ich und alle Wesen, die sich so fühlen, frei von diesem Schmerz sein. Mögen wir frei sein von der zugrunde liegenden einschnürenden Anspannung und Angst, die daher rühren, dass wir unser persönliches Territorium verteidigen.« Sie können diese Gelegenheit auch nutzen, um Tonglen zu üben und sich erst einatmend tief für das gemeinsame Gefühl zu öffnen, um dann Linderung auszuatmen für alle Wesen (einschließlich Ihres ängstlichen, verkrampften Ichs), die in gleicher Weise gefangen sind.

Beide Varianten des fünften Schritts basieren auf demselben Grundgedanken. Wenn Sie sich die uns allen innewohnende Fähigkeit zunutze machen, Ihre Gefühle unmittelbar und frei von Konzepten zu spüren, eröffnet Ihnen das einen Zugang, um tiefer in die Erfahrung von Leerheit und Mitgefühl einzutauchen. Zunächst wirkt es so, als seien Leerheit und Mitgefühl voneinander getrennt, aber schließlich werden Sie sie in ihrer grundlegenden Essenz als untrennbar und nichtdual erfahren.

L.A.S.R. und die damit verbundenen Übungen geben Ihnen Mittel an die Hand, Ihre Sichtweise zu erweitern und Herz und Geist genau an dem Punkt zu öffnen, an dem wir uns alle normalerweise verkrampft anspannen und nach innen zurückziehen. Es sind Übungen für ein ganzes Leben – und Sie können heute damit beginnen.

Dank

Ich bin sehr vielen dankbar, die dieses Buch ermöglicht haben und möchte einigen von ihnen danken. Megan Jacoby hat unzählige Stunden meiner Lehrvorträge transkribiert – das Ausgangsmaterial für dieses Buch. Barbara Abrams hat jedes Kapitel genau geprüft und viele wertvolle Ideen eingebracht. Rachel Neumann von Shambhala stellte wichtige Fragen und fand Wege, das endgültige Manuskript zu klären und den Feinschliff zu machen. Tami Simon erlaubte großzügig, Material aus meiner Abschlussrede an der Naropa University 2014 zu verwenden, die erstmals von Sounds True als »Fail, Fail Again, Fail Better« veröffentlicht wurde. Mark Wilding von PassageWorks machte mich erstmals mit dem Satz »Welcoming the Unwelcome« – bekannt, der zum Titel dieses Buches wurde, und wies mich auf die drei konzentrischen Kreise des Kapitels zur Komfortzone hin. Mein Freund Ken McLeod schrieb *Reflections on Silver River*, ein Buch, das mein Verständnis des Bodhisattva-Pfades erheblich vertieft hat. Und Joseph Waxman, mit dem zusammenzuarbeiten stets ein Vergnügen ist, teilte diese Lehren in Kapitel, Absätze und Sätze auf – ohne ihn gäbe es dieses Buch nicht.

Quellenverzeichnis

1 Den vollen Text dieses Vortrags finden Sie in Pema Chödrön: *Vom Glück des Scheiterns*. Gräfe und Unzer, München 2016.

2 Thogme Sangpo: *Die 37 Übungen eines Bodhisattvas*, Vers 9. Die deutsche Übersetzung des Textes wurde aus *Buddhismus Heute*, Nr. 46 und 47 (2009) übernommen, siehe http://www.buddhismus-heute.de/archive.issue__46.position__0.de.html und die Fortsetzungsteile 2 und 3 (Anm. d. Übers.) [Abruf: 09.01.2020].

3 Vgl. Shantidevas Werk *Bodhicaryavatara*, S. 34; zum Beispiel die Ausgabe *Anleitungen auf dem Weg zur Glückseligkeit*. Aus dem Tibetischen übersetzt und herausgegeben von Diego Hangartner. Frankfurt a. M. 2005, S. 87.

4 Sangpo, a. a. O., Vers 15.

5 Ders., a. a. O., Vers 22.

6 Shunrynu Suzuki: *Zen-Geist, Anfänger-Geist*. Herder, Freiburg i. Br. 2009, S. 22.

7 Joan Didion: *Das Jahr magischen Denkens*, List, Berlin 2008, S. 7.

8 Dies., a. a. O., S. 213.

9 Sangpo, a. a. O., Vers 22.

10 Ders., a. a. O., Vers 7.

11 Ders., a. a. O., Vers 6.

12 Der Text »Einfache Sitzmeditation« erschien ursprünglich in Pema Chödröns Buch *Beginne, wo du bist – eine Anleitung zum mitfühlenden Leben.* Kamphausen/Aurum, Bielefeld 2003.

13 Der hier abgedruckte Text findet sich in einer früheren Fassung bereits abgedruckt in *Wenn alles zusammenbricht – Hilfestellung für schwierige Zeiten.* Goldmann, München 2001. Er wurde von der Autorin stark überarbeitet und für die deutschsprachige Ausgabe neu übersetzt.

14 Im Englischen heißt die Methode L.E.S.R., von Locate, Embrace, Stop, Remain. Die Abkürzung wird wie »Laser« ausgesprochen.